Impressum
Verlag: BABADADA GmbH, Nedderfeld 112 , 22529 Hamburg
Geschäftsführer / Verlagsleitung: Harald Hof
Druck: Books on Demand GmbH, In de Tarpen 42, 22848 Norderstedt

Imprint
Publisher: BABADADA GmbH, Nedderfeld 112 , 22529 Hamburg, Germany
Managing Director / Publishing direction: Harald Hof
Print: Books on Demand GmbH, In de Tarpen 42, 22848 Norderstedt

σχολείο

școală

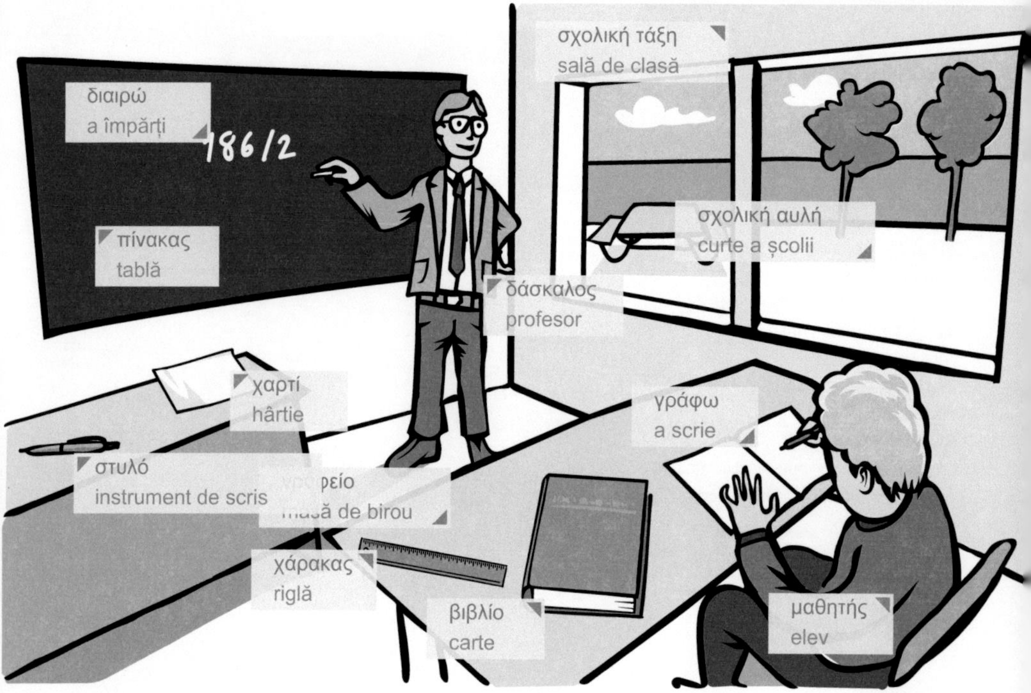

σχολική τάξη
sală de clasă
διαιρώ
a împărți
186/2
πίνακας
tablă
σχολική αυλή
curte a școlii
δάσκαλος
profesor
χαρτί
hârtie
γράφω
a scrie
στυλό
instrument de scris
ρείο
să de birou
χάρακας
riglă
βιβλίο
carte
μαθητής
elev

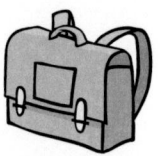

σχολική τσάντα

ghiozdan

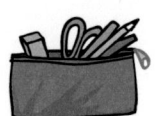

κασετίνα/ μολυβοθήκη

penar

μολύβι

creion

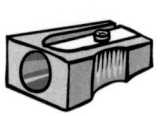

ξύστρα

ascuțitoare

γόμα

radieră

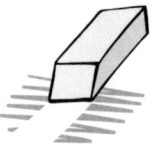

μπλοκ ζωγραφικής

bloc de desen

ζωγραφική

desen

πινέλο

pensulă

κουτί χρωμάτων

cutie de acuarele

ψαλίδι

foarfece

κόλλα

lipici

τετράδιο ασκήσεων

caiet de exerciții

εργασία για το σπίτι

temă

αριθμός

număr

προσθέτω

a aduna

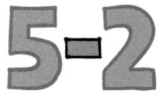

αφαιρώ

a scădea

πολλαπλασιάζω

a multiplica

υπολογίζω

a calcula

γράμμα

literă

αλφάβητο

alfabet

λέξη

cuvânt

κείμενο

text

διαβάζω

a citi

κιμωλία

cretă

μάθημα

oră

εγγράφομαι

catalog

τεστ

examen

πιστοποιητικό

certificat

μαθητική στολή

uniformă școlară

εκπαίδευση

educație

εγκυκλοπαίδεια

enciclopedie

πανεπιστήμιο

universitate

μικροσκόπιο

microscop

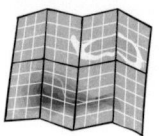

χάρτης

hartă

καλάθι αχρήστων

coș de gunoi

ξενοδοχείο
hotel

Grand

ξενώνας
hostel

ROOMS

ανταλλακτήρια συναλλάγματος
casă de schimb valutar

ECHANGE

βαλίτσα
valiză

αυτοκίνητο
autovehicul

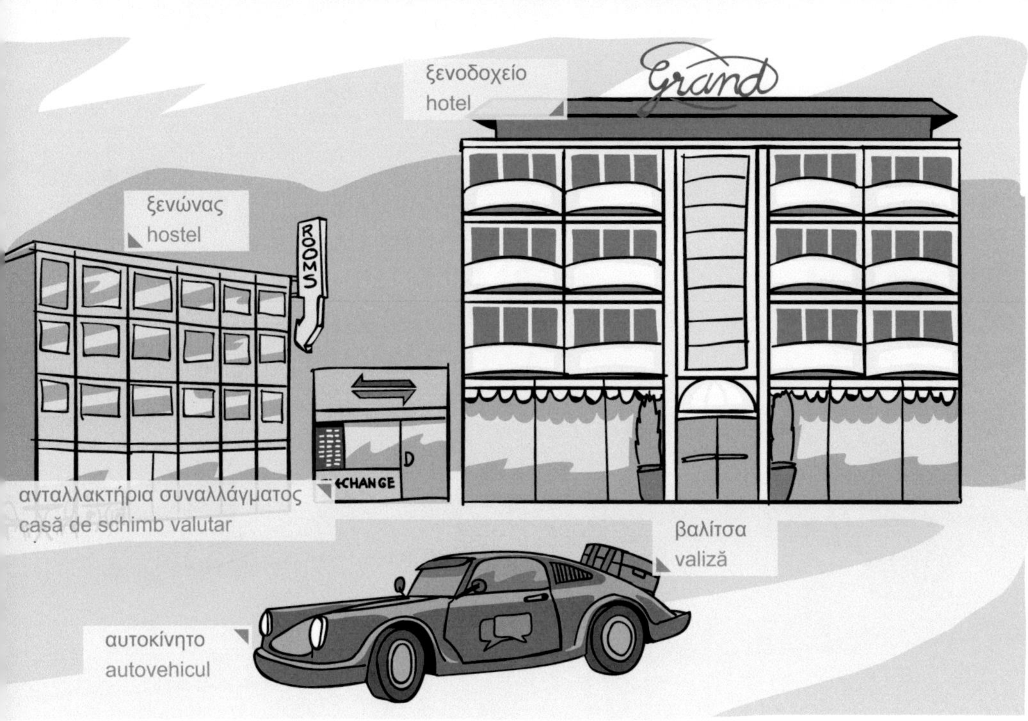

γλώσσα

limbă

ναι / όχι

da/nu

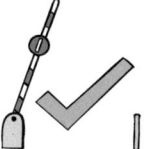

εντάξει

okay

γεια σου

Bună!

μεταφραστής

interpret

Ευχαριστώ

mulţumesc

πόσο κάνει ;

Cât costă...?

Δε καταλαβαίνω

Nu înţeleg

πρόβλημα

problemă

Καλησπέρα!

Bună seara!

Καλημέρα!

Bună dimineaţa!

Καληνύχτα!

Noapte bună!

Αντίο

la revedere

κατεύθυνση

direcţie

αποσκευές

bagaj

τσάντα

geantă

σακίδιο πλάτης

rucsac

καλεσμένος

oaspete

δωμάτιο

cameră

υπνόσακος

sac de dormit

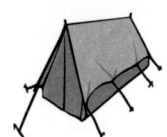

σκηνή

cort

τουριστικές πληροφορίες

unct de informare turistică

παραλία

plajă

πιστωτική κάρτα

carte de credit

πρωινό

mic dejun

μεσημεριανό

masa de prânz

δείπνο

cină

εισιτήριο

bilet de călătorie

ανελκυστήρας

lift

γραμματόσημο

timbru poștal

σύνορα

graniță

τελωνείο

vamă

πρεσβεία

ambasadă

βίζα

viză

διαβατήριο

pașaport

ταξίδι - călătorie

μεταφορά
transport

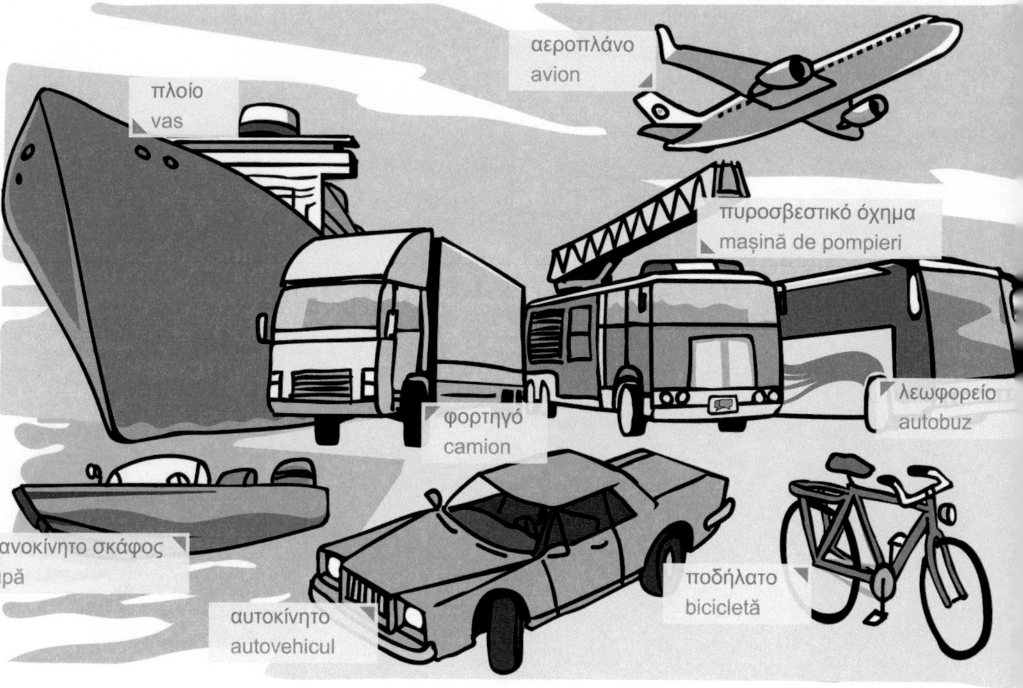
αεροπλάνο
avion
πλοίο
vas
πυροσβεστικό όχημα
mașină de pompieri
λεωφορείο
autobuz
φορτηγό
camion
ηχανοκίνητο σκάφος
lupă
ποδήλατο
bicicletă
αυτοκίνητο
autovehicul

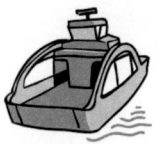

φεριμπότ

feribot

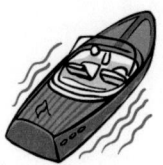

βάρκα

barcă

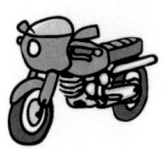

μοτοσικλέτα

motocicletă

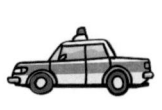

περιπολικό

mașină de poliție

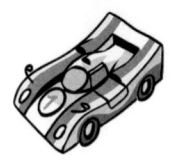

αγωνιστικό αυτοκίνητο

mașină de curse

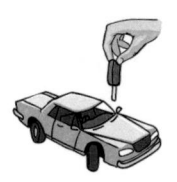

ενοικιαζόμενο αυτοκίνητο

mașină închiriată

διαμοιρασμός αυτοκινήτων
car sharing

γερανός
maşină de tractat

απορριμματοφόρο
maşină de gunoi

κινητήρας
motor

καύσιμο
combustibil

βενζινάδικο
benzinărie

πινακίδα σήμανσης
semn de circulaţie

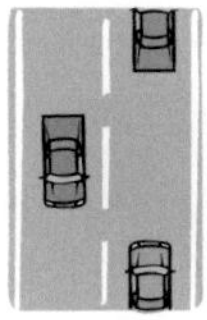

κυκλοφορία
trafic

κυκλοφοριακή συμφόρηση
ambuteiaj

χώρος στάθμευσης
parcare

σιδηροδρομικός σταθμός
gară

σιδηροδρομικές γραμμές
şine

τρένο
tren

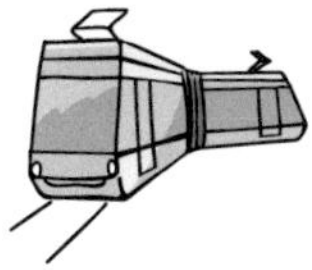

τραμ
tramvai

βαγόνι
vagon

ελικόπτερο

elicopter

αεροδρόμιο

aeroport

πύργος

turn

επιβάτης

pasager

εμπορευματοκιβώτιο

container

χαρτοκιβώτιο

carton

καρότσι

căruță

καλάθι

coș

απογειώνομαι /
προσγειόνομαι

a decola/a ateriza

πόλη
oraș

χωριό

sat

κέντρο της πόλης

centru

σπίτι

casă

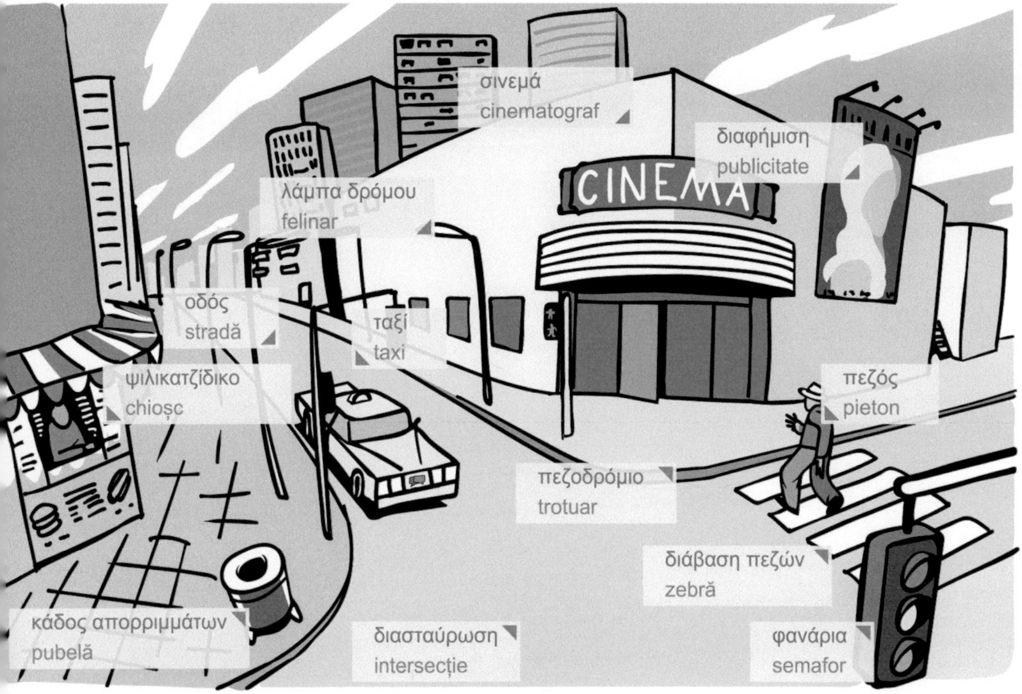

σινεμά
cinematograf

διαφήμιση
publicitate

λάμπα δρόμου
felinar

οδός
stradă

ταξί
taxi

ψιλικατζίδικο
chioşc

πεζός
pieton

πεζοδρόμιο
trotuar

διάβαση πεζών
zebră

κάδος απορριμμάτων
pubelă

διασταύρωση
intersecţie

φανάρια
semafor

καλύβα

cabană

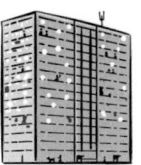

διαμέρισμα

apartament

σιδηροδρομικός σταθμός

gară

δημαρχείο

primărie

μουσείο

muzeu

σχολείο

şcoală

πανεπιστήμιο

universitate

τράπεζα

bancă

νοσοκομείο

spital

ξενοδοχείο

hotel

φαρμακείο

farmacie

γραφείο

birou

βιβλιοπωλείο

librărie

κατάστημα

magazin

ανθοπωλείο

florărie

σούπερ μάρκετ

supermarket

αγορά

piață

πολυκατάστημα

magazin universal

ιχθυοπωλείο

comerciant de pește

εμπορικό κέντρο

centru comercial

λιμάνι

port

πάρκο

parc

παγκάκι

bancă

γέφυρα

pod

σκάλες

trepte

μετρό

metrou

τούνελ

tunel

στάση λεωφορείου

staţie de autobuz

μπαρ

bar

εστιατόριο

restaurant

γραμματοκιβώτιο

cutie poştală

πινακίδα δρόμου

tăbliţă indicatoare cu
numele străzii

παρκόμετρο

parcometru

ζωολογικός κήπος

grădină zoologică

πισίνα

piscină

τζαμί

moschee

αγρόκτημα

gospodărie țărănească

ρύπανση

poluare

νεκροταφείο

cimitir

εκκλησία

biserică

παιδική χαρά

loc de joacă

ναός

templu

τοπίο
peisaj

φύλλο
frunză

πινακίδα κατεύθυνσης
indicator

δρόμος
drum

λιβάδι
pajiște

πέτρα
piatră

δέντρο
copac

πεζοπόρος
drumeț

ποτάμι
râu

χορτάρι
iarbă

λουλούδι
floare

κοιλάδα

vale

λόφος

deal

λίμνη

lac

δάσος

pădure

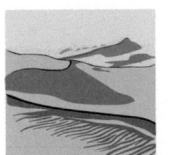

έρημος

deşert

ηφαίστειο

vulcan

κάστρο

castel

ουράνιο τόξο

curcubeu

μανιτάρι

ciupercă

φοίνικας

palmier

κουνούπι

ţânţar

μύγα

muscă

μυρμήγκι

furnică

μέλισσα

albină

αράχνη

păianjen

σκαθάρι

gândac

βάτραχος

broască

σκίουρος

veveriţă

σκαντζόχοιρος

arici

λαγός

iepure

κουκουβάγια

bufniţă

πουλί

pasăre

κύκνος

lebădă

αγριογούρουνο

porc mistreţ

ελάφι

cerb

άλκη

elan

φράγμα

dig

ανεμογεννήτρια

turbină eoliană

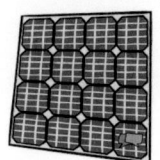

ηλιακός συλλέκτης

panou solar

κλίμα

climă

εστιατόριο
restaurant

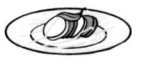

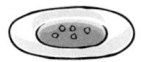

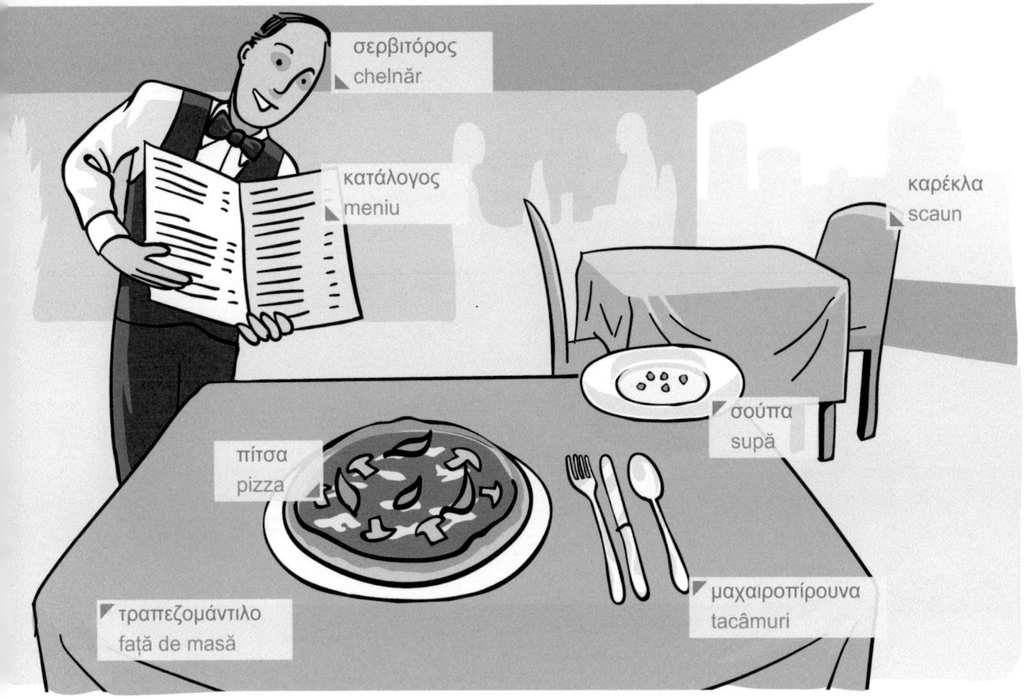
σερβιτόρος
chelnăr
κατάλογος
meniu
καρέκλα
scaun
σούπα
supă
πίτσα
pizza
τραπεζομάντιλο
față de masă
μαχαιροπίρουνα
tacâmuri

ορεκτικό

antreu

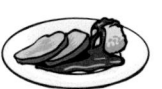

κύριο πιάτο

fel principal

επιδόρπιο

desert

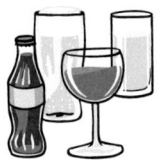

ποτά

băuturi

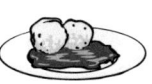

φαγητό

mâncare

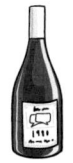

μπουκάλι

sticlă

φαστ φουντ

fastfood

φαγητό στ' όρθιο

streetfood

τσαγιέρα

ceainic

δοχείο ζάχαρης

zaharniță

μερίδα

porție

μηχανή εσπρέσο

espressor

ψηλή καρέκλα

scaun înalt (pentru copii)

λογαριασμός

factură

δίσκος

tavă

μαχαίρι

cuțit

πιρούνι

furculiță

κουτάλι

lingură

κουταλάκι του τσαγιού

linguriță

πετσέτα φαγητού

șervețel

ποτήρι

pahar

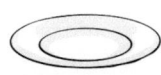

πιάτο

farfurie

πιάτο σούπας

farfurie de supă

πιατάκι φλιτζανιού

farfurie

σάλτσα

sos

αλατιέρα

solniţă

μύλος για πιπέρι

râşniţă de piper

ξύδι

oţet

λάδι

ulei

μπαχαρικά

condimente

κέτσαπ

ketchup

μουστάρδα

muştar

μαγιονέζα

maioneză

σούπερ μάρκετ

supermarket

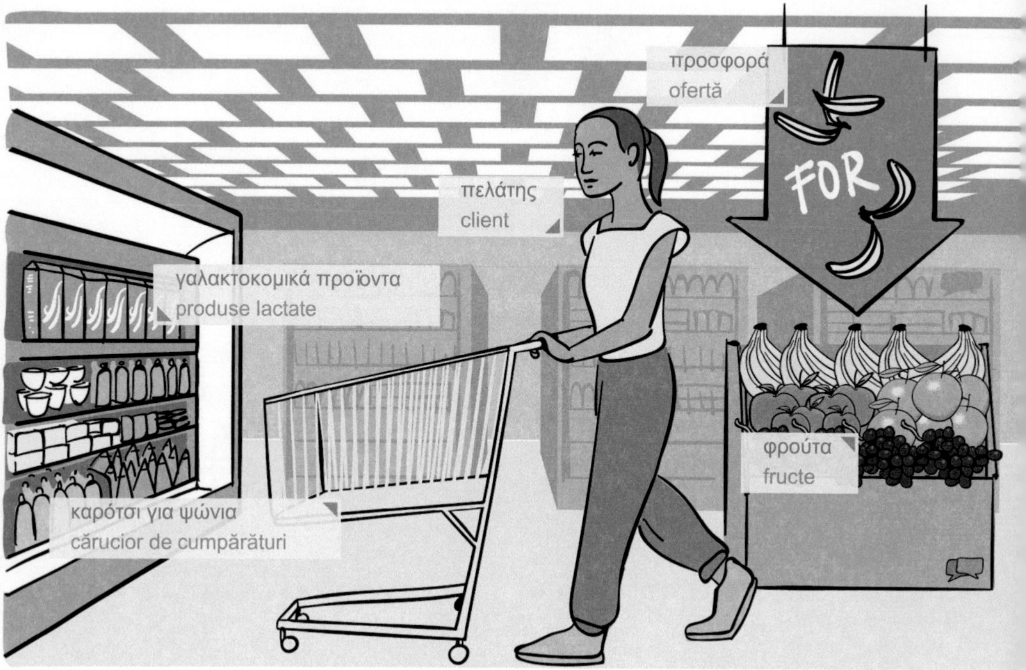

προσφορά
ofertă
FOR
πελάτης
client
γαλακτοκομικά προϊόντα
produse lactate
φρούτα
fructe
καρότσι για ψώνια
cărucior de cumpărături

BUTCHERS

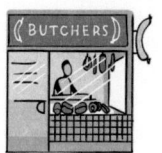

κρεοπωλείο

măcelărie

BAKERY

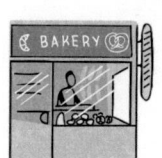

φούρνος

brutărie

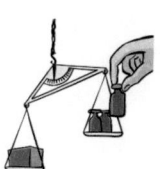

ζυγίζω

a cântări

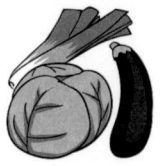

λαχανικά

legume

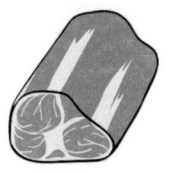

κρέας

carne

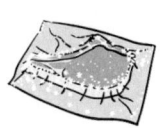

κατεψυγμένα τρόφιμα

alimente refrigerate

αλλαντικά

mezeluri și brânzeturi feliate

κονσερβοποιημένη τροφή

conserve

απορρυπαντικό ρούχων

detergent

γλυκά

dulciuri

οικιακά είδη

articole de menaj

καθαριστικά προϊόντα

produse de curățenie

πωλήτρια

vânzătoare

ταμείο

casă

ταμίας

casier

λίστα για ψώνια

listă de cumpărături

ωράριο λειτουργίας

orar

πορτοφόλι

portmoneu

πιστωτική κάρτα

carte de credit

τσάντα

geantă

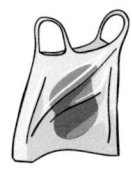

πλαστική σακούλα

pungă de plastic

νερό

apă

χυμός

suc

γάλα

lapte

κόκα κόλα

cola

κρασί

vin

μπίρα

bere

αλκοόλ

alcool

κακάο

cacao

τσάι

ceai

καφές

cafea

εσπρέσο

espresso

καπουτσίνο

cappucino

μπανάνα

banane

μήλο

măr

πορτοκάλι

portocală

πεπόνι

pepene

λεμόνι

lămâie

καρότο

morcov

σκόρδο

usturoi

μπαμπού

bambus

κρεμμύδι

ceapă

μανιτάρι

ciupercă

ξηροί καρποί

nuci

νουντλς

paste făinoase

μακαρόνια

spagheti

ρύζι

orez

σαλάτα

salată

πατατάκια

cartofi prăjiți

τηγανητές πατάτες

cartofi țărănești

πίτσα

pizza

χάμπουργκερ

hamburger

σάντουιτς

sandwich

κοτολέτα

șnițel

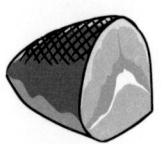

ζαμπόν

șuncă

σαλάμι

salam

λουκάνικο

cârnați

κοτόπουλο

pui

ψητό

friptură

ψάρι

pește

χυλός βρώμης

fulgi de ovăz

μούσλι

musli

κορν φλέικς

cereale

αλεύρι

făină

κρουασάν

corn

ψωμάκι

chifle

ψωμί

pâine

τοστ

pâine prăjită

μπισκότα

biscuiți

βούτυρο

unt

τυρόπηγμα

brânză de vaci

κέικ

prăjitură

αυγό

ou

τηγανητό αυγό

ouă ochiuri

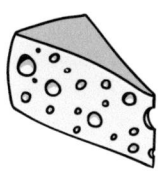

τυρί

brânză

φαγητό - mâncare

παγωτό

înghețată

ζάχαρη

zahăr

μέλι

miere

μαρμελάδα

marmeladă

άλλειμμα σοκολάτας

cremă nuga

κάρυ

curry

αγρόκτημα
gospodărie ţărănească

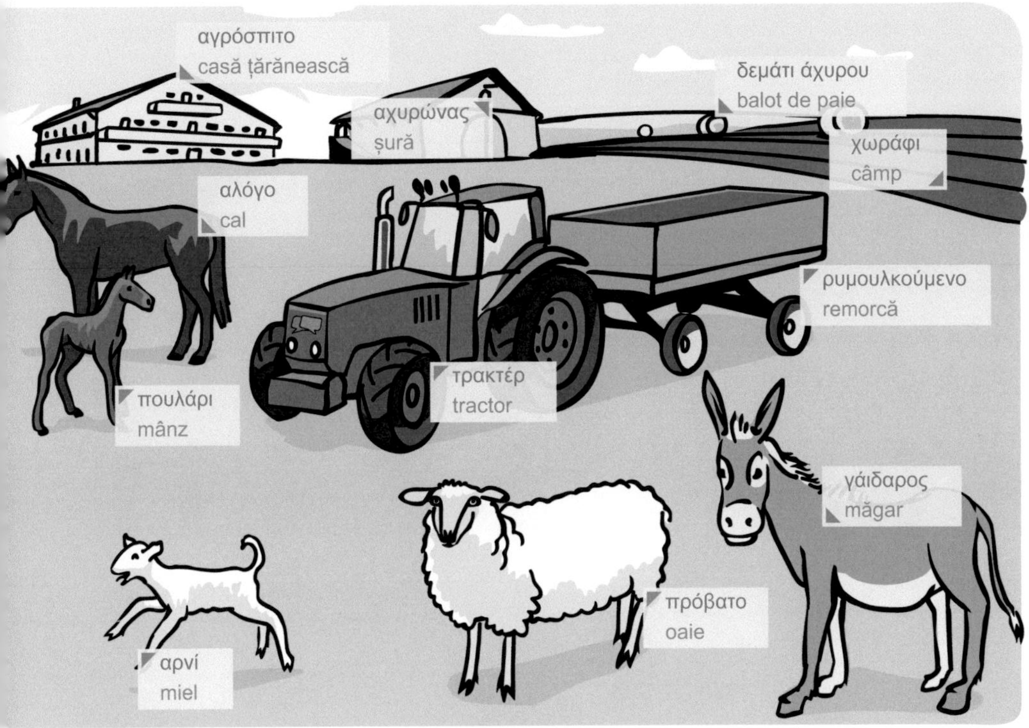
αγρόσπιτο
casă ţărănească
δεμάτι άχυρου
balot de paie
αχυρώνας
şură
χωράφι
câmp
αλόγο
cal
ρυμουλκούμενο
remorcă
πουλάρι
mânz
τρακτέρ
tractor
γάιδαρος
măgar
πρόβατο
oaie
αρνί
miel

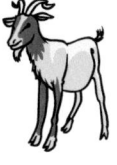

κατσίκα

capră

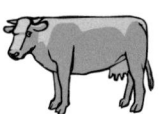

αγελάδα

vacă

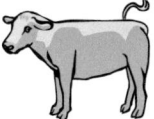

μοσχαράκι

viţel

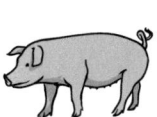

γουρούνι

porc

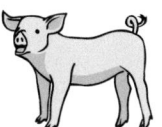

γουρουνάκι

purcel

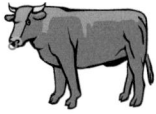

ταύρος

taur

χήνα

găină

πάπια

rață

κοτοπουλάκι

pui

κότα

găină

κόκορας

cocoș

αρουραίος

șobolan

γάτα

pisică

ποντίκι

șoarece

βόδι

bou

σκύλος

câine

σπιτάκι σκύλου

cușcă

λάστιχο κήπου

furtun de grădină

ποτιστήρι

stropitoare

θεριστήρι

coasă

αλέτρι

plug

δρεπάνι

seceră

τσάπα

sapă

δίκρανο

furcă

τσεκούρι

secure

χειράμαξα

roabă

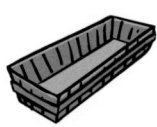

ταΐστρα

troacă

δοχείο γάλακτος

cană pentru lapte

σάκος

sac

φράχτης

gard

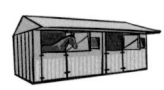

στάβλος

grajd

θερμοκήπιο

seră

έδαφος

sol

σπόρος

sămânță

λίπασμα

fertilizator

θεριζοαλωνιστική μηχανή

combină de treierat

θερίζω

a culege

συγκομιδή

recoltă

γιαμς

cartof yam

σιτάρι

grâu

σόγια

soia

πατάτα

cartof

καλαμπόκι

porumb

κράμβη

rapiță

οπωροφόρο δέντρο

pom fructifer

μανιόκα

manioc

δημητριακά

cereale

σπίτι
casă

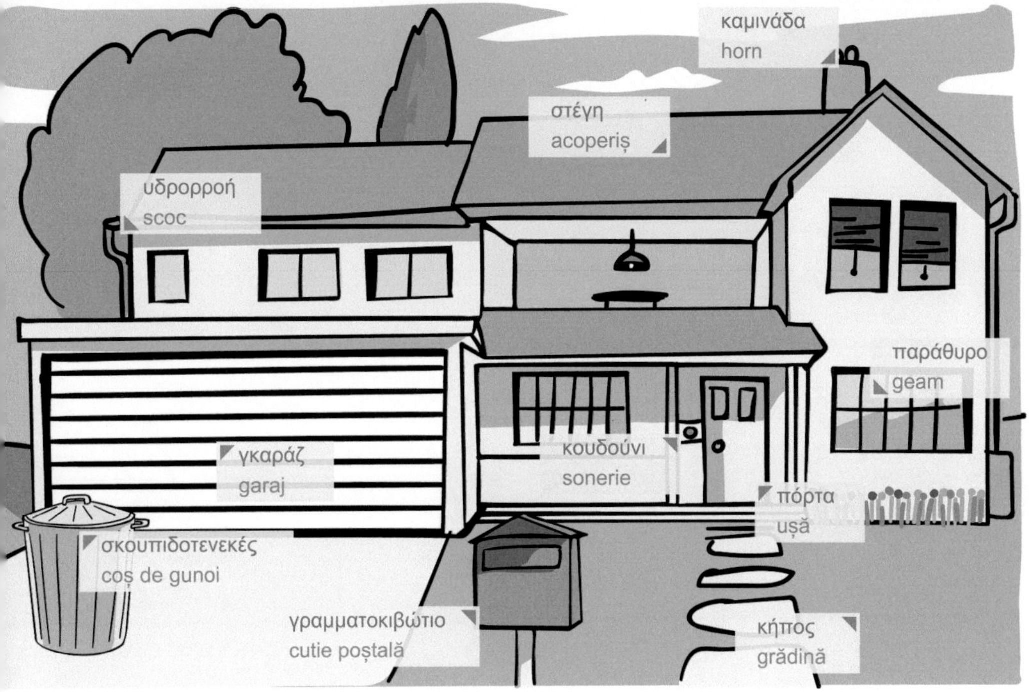
καμινάδα
horn
στέγη
acoperiș
υδρορροή
scoc
παράθυρο
geam
γκαράζ
garaj
κουδούνι
sonerie
πόρτα
ușă
σκουπιδοτενεκές
coș de gunoi
γραμματοκιβώτιο
cutie poștală
κήπος
grădină

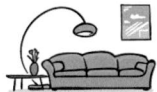

σαλόνι

camеră de zi

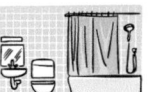

μπάνιο

baie

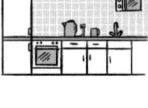

κουζίνα

bucătărie

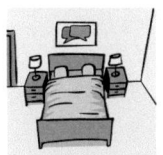

υπνοδωμάτιο

dormitor

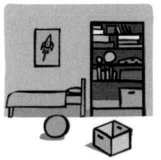

παιδικό δωμάτιο

camera copiilor

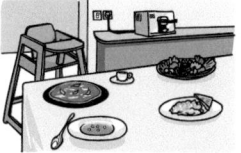

τραπεζαρία

sufragerie

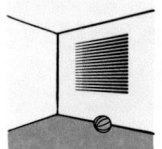

πάτωμα

podea

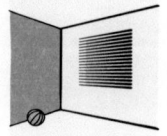

τοίχος

perete

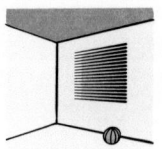

οροφή

tavan

κελάρι

pivniță

σάουνα

saună

μπαλκόνι

balcon

βεράντα

terasă

πισίνα

piscină

μηχανή του γκαζόν

mașină de tuns iarba

σεντόνι

cearșaf

κάλυμμα κρεβατιού

cuvertură

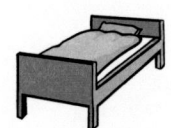

κρεβάτι

pat

σκούπα

mătură

κουβάς

găleată

διακόπτης

întrerupător

σαλόνι

cameră de zi

ταπετσαρία
tapet
φωτογραφία
pictură
λάμπα
lampă
ράφι
raft
ντουλάπι
dulap
τηλεόραση
televizor
τζάκι
șemineu
λουλούδι
floare
μαξιλάρι
pernă
καναπές
sofa
βάζο
vază
τηλεκοντρόλ
telecomandă

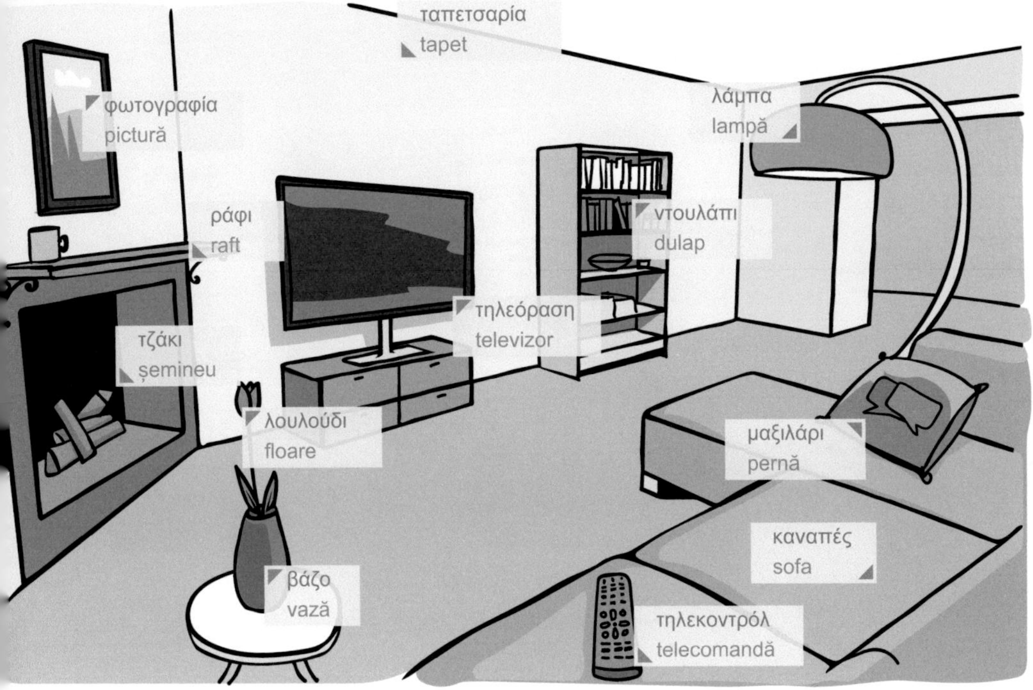

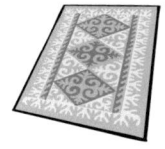

χαλί

covor

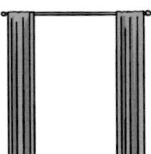

κουρτίνα

perdea

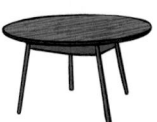

τραπέζι

masă

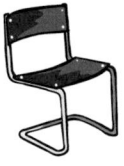

καρέκλα

scaun

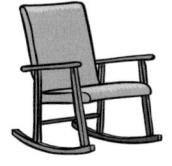

κουνιστή πολυθρόνα

balansoar

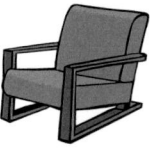

πολυθρόνα

fotoliu

βιβλίο

carte

κουβέρτα

pătură

διακόσμηση

decoraţiune

καυσόξυλα

lemn de foc

ταινία

film

στερεοφωνικό σύστημα

instalaţie stereo

κλειδί

cheie

εφημερίδα

ziar

πίνακας ζωγραφικής

desen

αφίσα

poster

ραδιόφωνο

radio

σημειωματάριο

caiet de notiţe

ηλεκτρική σκούπα

aspirator

κάκτος

cactus

κερί

lumânare

κουζίνα
bucătărie

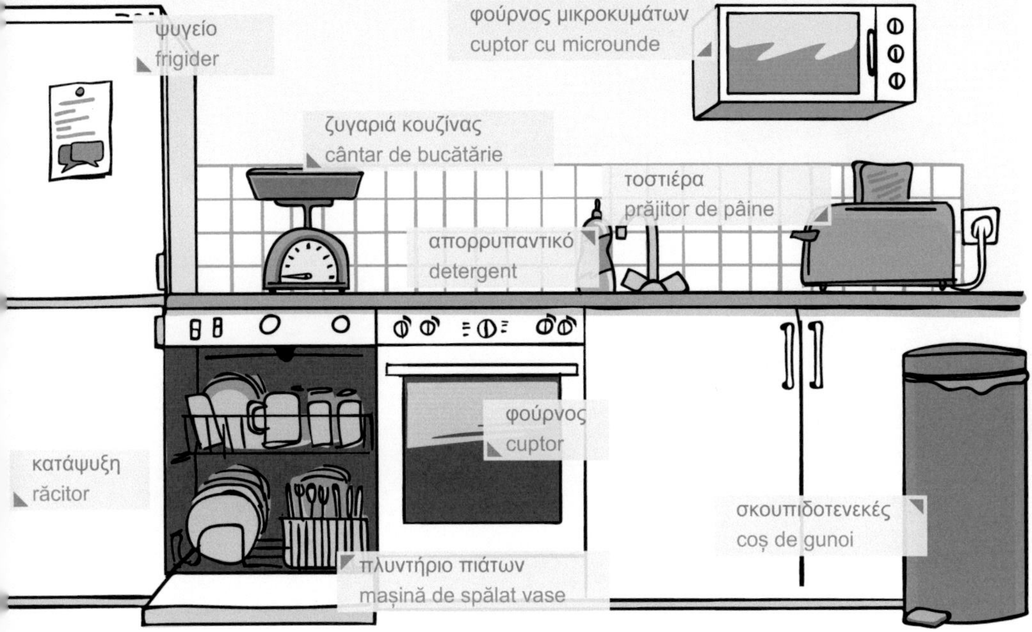
ψυγείο
frigider
φούρνος μικροκυμάτων
cuptor cu microunde
ζυγαριά κουζίνας
cântar de bucătărie
τοστιέρα
prăjitor de pâine
απορρυπαντικό
detergent
φούρνος
cuptor
κατάψυξη
răcitor
σκουπιδοτενεκές
coș de gunoi
πλυντήριο πιάτων
mașină de spălat vase

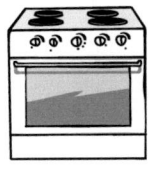

κουζίνα
cuptor

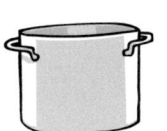

κατσαρόλα
oală

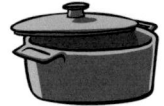

μαντεμένια κατσαρόλα
oală de metal

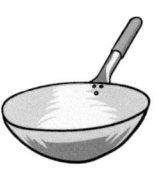

γουόκ/καντάι
wok/kadai

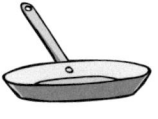

τηγάνι
tigaie

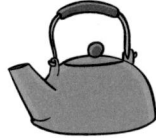

βραστήρας
ceainic

ατμομάγειρας

oală de gătit cu aburi

ταψί

tavă de copt

πιατικά

veselă

κούπα

pahar

μπολ

bol

ξυλάκια

bețișoare

κουτάλα

polonic

σπάτουλα

spatulă

ανακατεύω

tel

σουρωτήρι

sită

σουρωτηράκι

sită

τρίφτης

răzătoare

γουδί

mojar

ψησταριά

grătar

ανοιχτή φωτιά

loc pentru grătar

σανίδα κοπής

tocător

πλάστης

sucitor

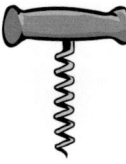

ανοιχτήρι φελλών

tirbușon

κονσέρβα

conservă

ανοιχτήρι κονσέρβας

deschizător de conserve

γάντι φούρνου

șervete termice

νεροχύτης

chiuvetă

βούρτσα

perie

σφουγγάρι

burete

μπλέντερ

mixer

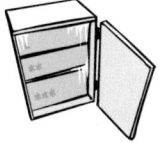

καταψύκτης

ladă frigorifică

μπιμπερό

biberon

βρύση

robinet

μπάνιο
baie

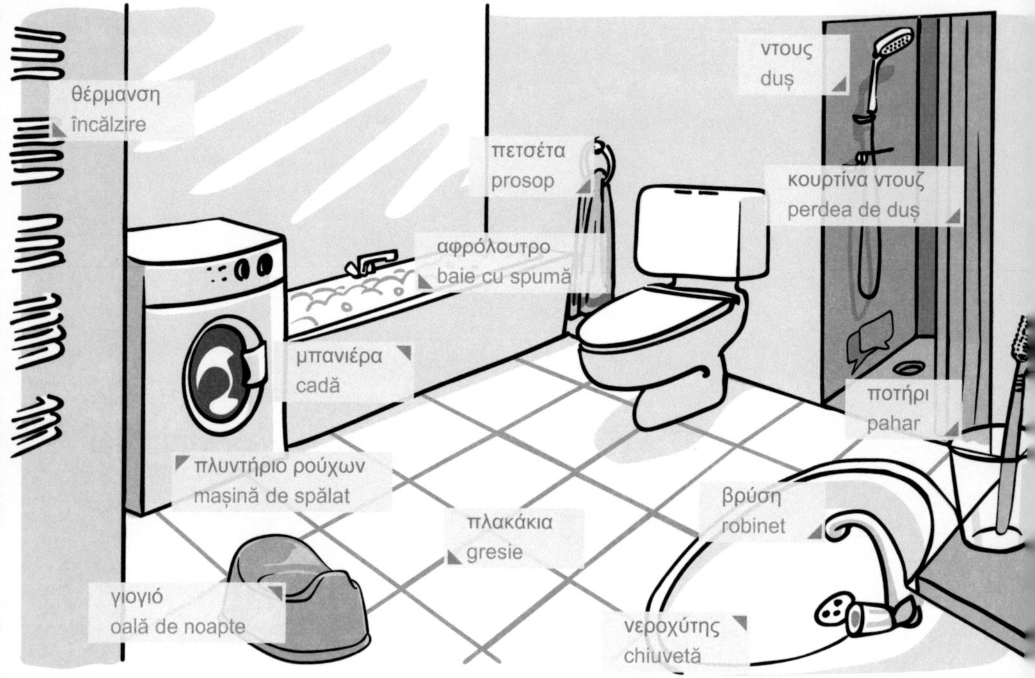

θέρμανση
încălzire
ντους
duș
πετσέτα
prosop
κουρτίνα ντουζ
perdea de duș
αφρόλουτρο
baie cu spumă
μπανιέρα
cadă
ποτήρι
pahar
πλυντήριο ρούχων
mașină de spălat
βρύση
robinet
πλακάκια
gresie
γιογιό
oală de noapte
νεροχύτης
chiuvetă

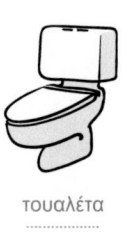

τουαλέτα

toaletă

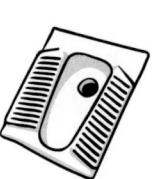

τούρκικη τουαλέτα

toaletă turcescă

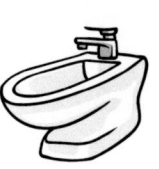

μπιντές

bideu

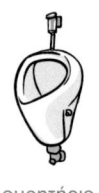

ουρητήριο

pisoir

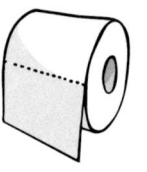

χαρτί υγείας

hârtie igienică

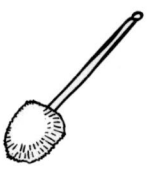

πιγκάλ

perie de toaletă

οδοντόβουρτσα

periuță de dinți

οδοντόκρεμα

pastă de dinți

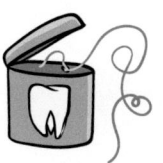

οδοντικό νήμα

ață dentară

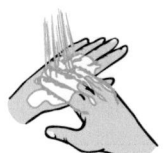

πλένω

a spăla

τηλέφωνο ντους

cap de duș

ντουσιέρα

duș intim

λεκάνη

lavoar

βούρτσα πλάτης

perie pentru spate

σαπούνι

săpun

αφρόλουτρο

gel de duș

σαμπουάν

șampon

φανέλα

cârpă de spălat

σιφόνι

scurgere

κρέμα

cremă

αποσμητικό

deodorant

καθρέφτης

oglindă

καθρέφτης χειρός

oglindă cosmetică

ξυραφάκι

aparat de ras

αφρός ξυρίσματος

spumă de ras

αφτερσέιβ

aftershave

χτένα

pieptene

βούρτσα

perie

σεσουάρ

uscător de păr

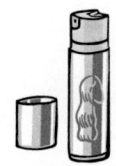

λακ

fixator

μακιγιάζ

machiaj

κραγιόν

ruj

βερνίκι νυχιών

lac de unghii

βαμβάκι

vată

ψαλίδι νυχιών

foarfece de unghii

άρωμα

parfum

νεσεσέρ

neseser

σκαμπό

taburet

ζυγαριά

cântar

μπουρνούζι

halat de baie

ελαστικά γάντια

mănuși de cauciuc

ταμπόν

tampon

πετσέτα υγιεινής

tampon

χημική τουαλέτα

toaletă chimică

παιδικό δωμάτιο

camera copiilor

ξυπνητήρι
ceas deșteptător
λούτρινο ζωάκι
jucărie de pluș
αυτοκινητάκι
mașină de jucărie
κουδουνίστρα
morișcă
κουκλόσπιτο
casă de păpuși
δώρο
cadou

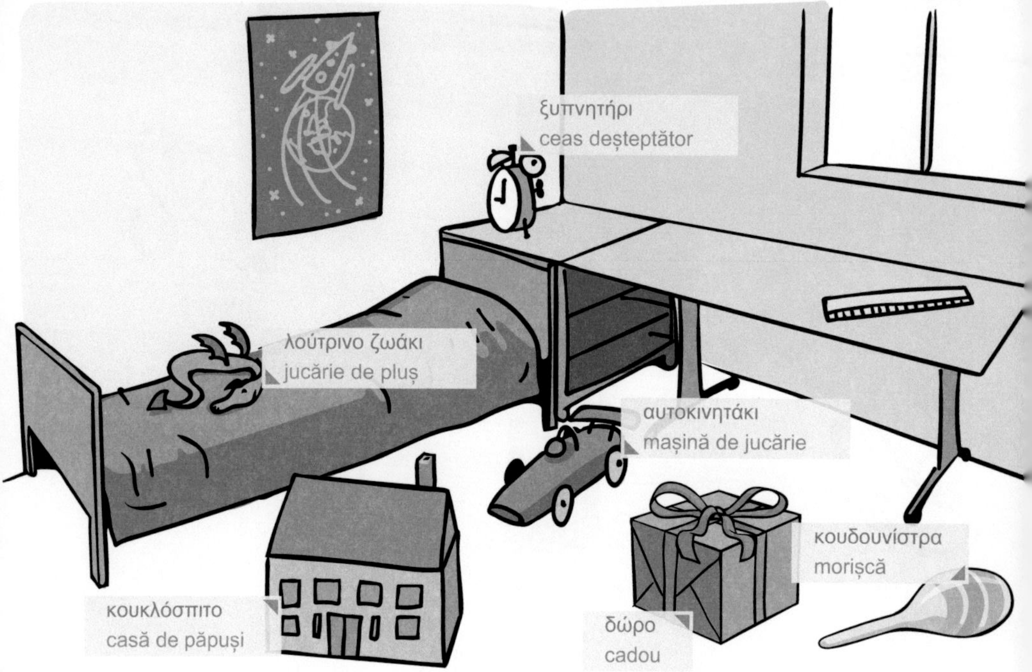

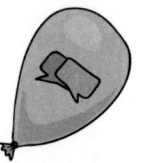

μπαλόνι

balon

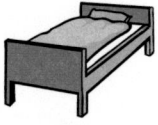

κρεβάτι

pat

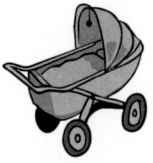

καροτσάκι

cărucior de copii

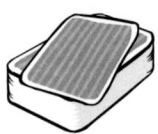

τράπουλα

joc de cărți

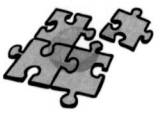

παζλ

puzzle

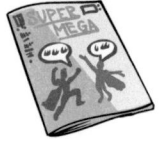

κόμικς

revistă de benzi desenate

τουβλάκια lego

cuburi lego

τουβλάκια κατασκευών

piese pentru construcţii

φιγούρα δράσης

personaj din filmele de
acţiune

βρεφικό φορμάκι

body

φρίσμπι

frisbee

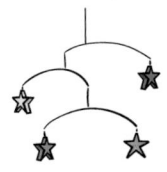

μόμπιλο

mobil

επιτραπέζιο παιχνίδι

joc de societate

ζάρια

zar

σετ τρενάκι

set trenuleţ de jucărie

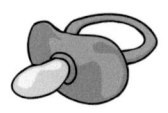

πιπίλα

suzetă

πάρτι

petrecere

εικονογραφημένο βιβλίο

carte cu poze

μπάλα

minge

κούκλα

păpuşă

παίζω

a se juca

σκάμμα με άμμο

groapă de nisip

κούνια

leagăn

παιχνίδια

jucării

κονσόλα βιντεοπαιχνιδιών

consolă video

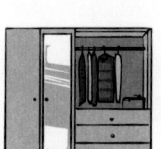

τρίκυκλο

tricicletă

αρκουδάκι

ursuleț

ντουλάπα

dulap

ρούχα
îmbrăcăminte

κάλτσες

șosete

καλτσοδέτες

ciorapi

καλσόν

dres

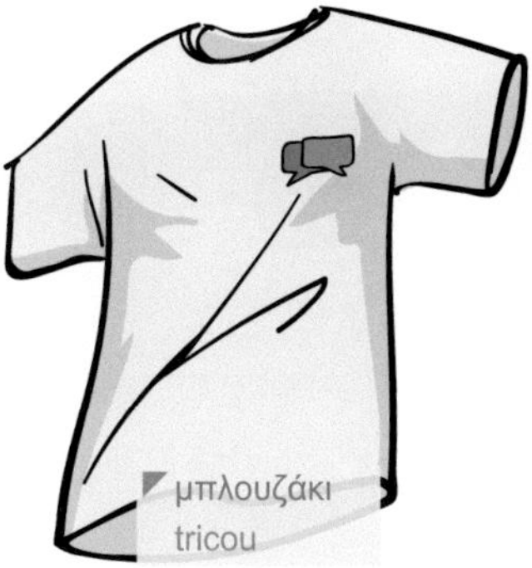

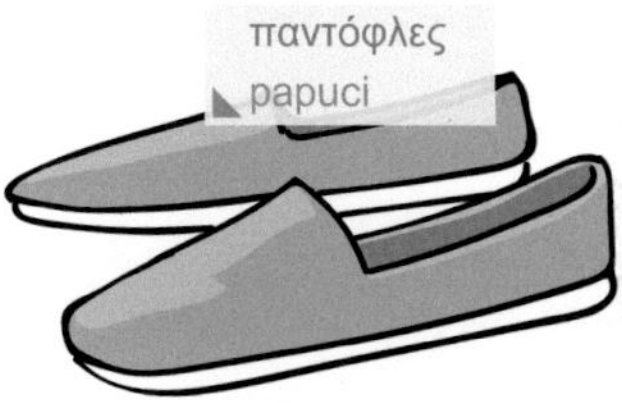

κασκόλ
şal

ζώνη
curea

ομπρέλα
umbrelă

μπλουζάκι
tricou

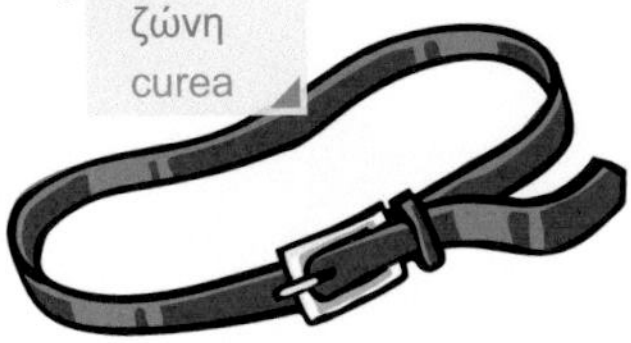

μπότες
cizme

παντόφλες
papuci

αθλητικά παπούτσια
pantofi sport

σανδάλια
sandale

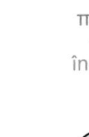

παπούτσια
încălţăminte

γαλότσες
cizme de cauciuc

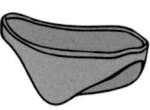

εσώρουχο
chilot

σουτιέν
sutien

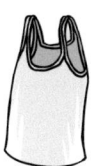

φανέλα
maiou

ρούχα - îmbrăcăminte

σώμα

body

παντελόνι

pantaloni

τζιν παντελόνι

blugi

φούστα

fustă

μπλούζα

bluză

πουκάμισο

cămaşă

πουλόβερ

pulover

πουλόβερ

jerseu

σακάκι

sacou

μπουφάν

jachetă

παλτό

palton

αδιάβροχο πανωφόρι

pelerină de ploaie

κοστούμι

costum

φόρεμα

rochie

νυφικό

rochie de mireasă

ρούχα - îmbrăcăminte

κοστούμι

costum

νυχτικό

cămașă de noapte

πιτζάμες

pijama

σάρι

sari

μαντήλι

batic

τουρμπάνι

turban

μπούρκα

burka

καφτάνι

caftan

μουσουλμανικό ένδυμα

abaya

ολόσωμο μαγιό

costum de baie

ανδρικό μαγιό

șort

σορτς

pantaloni scurți

αθλητική φόρμα

trening

ποδιά

șorț

γάντια

mănuși

κουμπί

nasture

γυαλιά

ochelari

βραχιόλι

brățară

περιδέραιο

lanț

δαχτυλίδι

inel

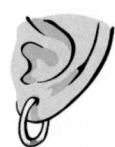

σκουλαρίκι

cercel

καπέλο

căciulă

κρεμάστρα

umeraș

καπέλο

pălărie

γραβάτα

cravată

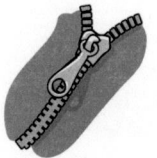

φερμουάρ

fermoar

κράνος

cască

τιράντες

bretele

μαθητική στολή

uniformă școlară

στολή

uniformă

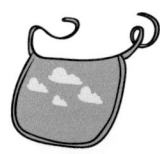

σαλιάρα

bavețică

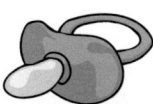

πιπίλα

suzetă

πάνα

scutec

γραφείο

birou

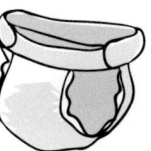

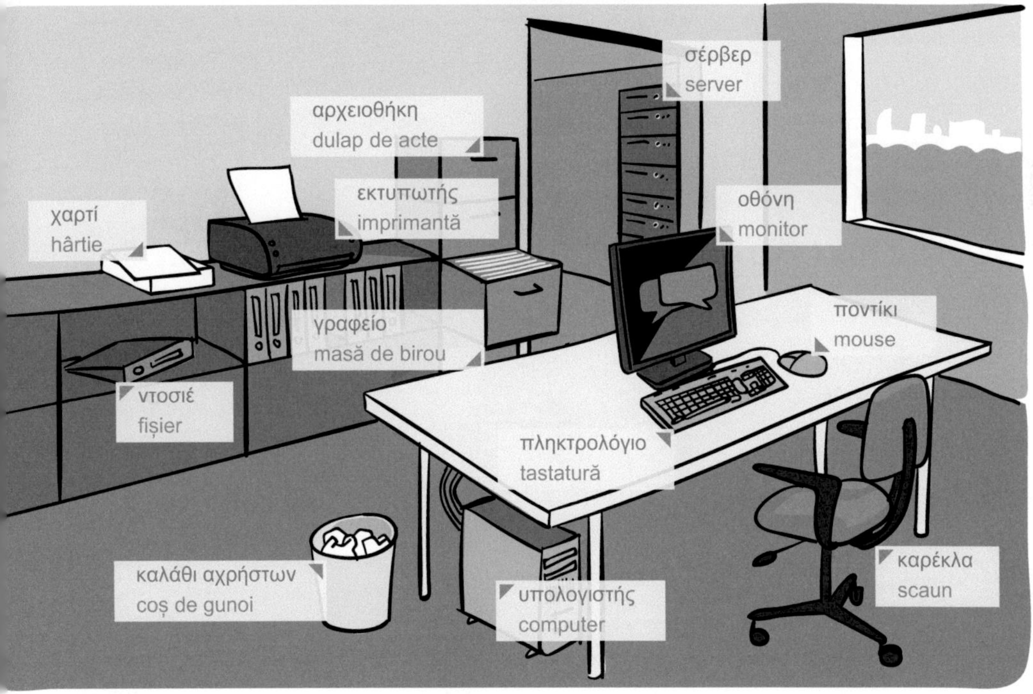

σέρβερ
server
αρχειοθήκη
dulap de acte
εκτυπωτής
imprimantă
χαρτί
hârtie
οθόνη
monitor
γραφείο
masă de birou
ποντίκι
mouse
ντοσιέ
fișier
πληκτρολόγιο
tastatură
καλάθι αχρήστων
coș de gunoi
υπολογιστής
computer
καρέκλα
scaun

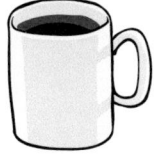

κούπα του καφέ

ceașcă de cafea

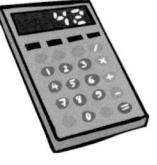

κομπιουτεράκι

calculator

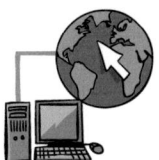

ίντερνετ

internet

λάπτοπ

laptop

γράμμα

scrisoare

μήνυμα

mesaj

κινητό

telefon mobil

δίκτυο

rețea

φωτοτυπικό μηχάνημα

copiator

λογισμικό

software

τηλέφωνο

telefon

πρίζα

priză

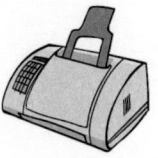

συσκευή φαξ

fax

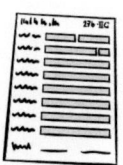

έντυπο

formular

έγγραφο

document

αγοράζω

a cumpăra

πληρώνω

a plăti

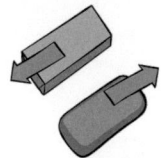

συναλλάσσομαι

a face comerţ

χρήματα

bani

δολάριο

Dolar

ευρώ

Euro

γιεν

Yen

ρούβλι

Rublă

ελβετικό φράγκο

Franc Elveţian

ρενμίνμπι γιουάν

renminbi yuan

ρουπία

Rupie

ATM (αυτόματη ταμειακή μηχανή)

bancomat

ανταλλακτήρια
συναλλάγματος

casă de schimb valutar

χρυσός

aur

ασήμι

argint

πετρέλαιο

petrol

ενέργεια

energie

τιμή

preț

συμβόλαιο

contract

φόρος

impozit

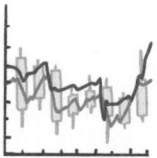

μετοχή

acțiune

δουλεύω

a munci

υπάλληλος

angajat

εργοδότης

angajator

εργοστάσιο

fabrică

κατάστημα

magazin

επαγγέλματα
ocupații

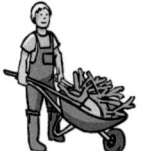

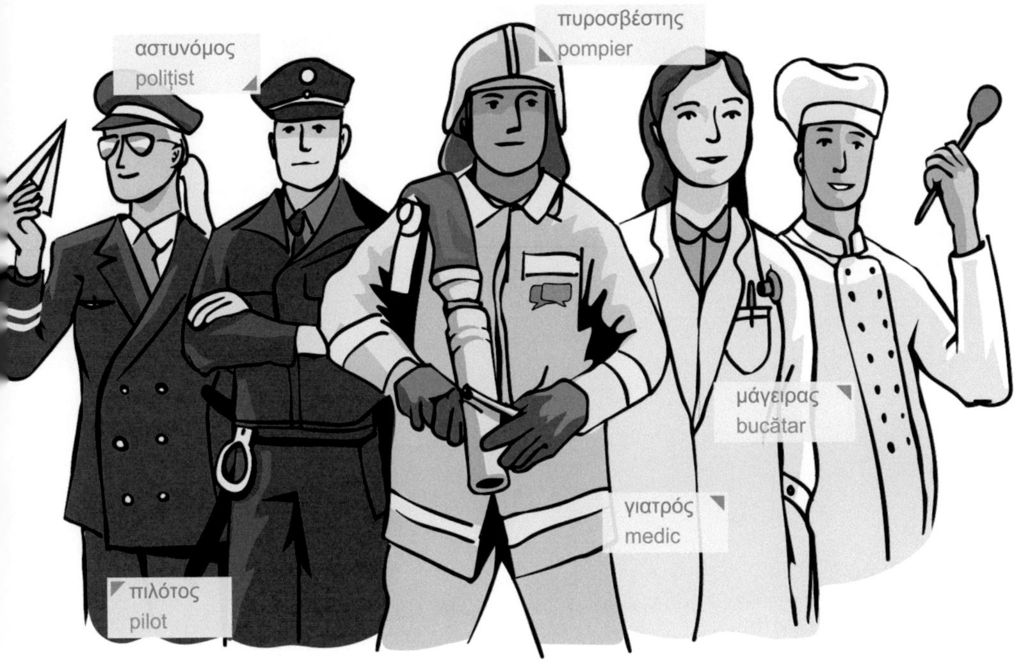

αστυνόμος
polițist
πυροσβέστης
pompier
μάγειρας
bucătar
γιατρός
medic
πιλότος
pilot

κηπουρός

grădinar

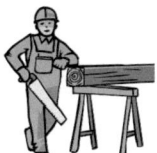

ξυλουργός

tâmplar

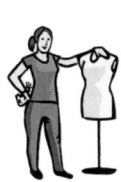

μοδίστρα

cusătoreasă

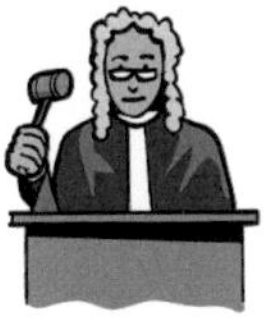

δικαστής

judecător

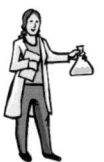

χημικός

chimist

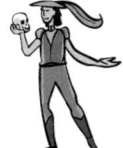

ηθοποιός

actor

οδηγός λεωφορείου

şofer de autobuz

ταξιτζής

şofer de taxi

ψαράς

pescar

καθαρίστρια

femeie de serviciu

τεχνίτης στεγών

tinichigiu

σερβιτόρος

chelnăr

κυνηγός

vânător

ζωγράφος

pictor

αρτοποιός

brutar

ηλεκτρολόγος

electrician

οικοδόμος

muncitor în construcţii

μηχανολόγος

inginer

κρεοπώλης

măcelar

υδραυλικός

instalator

ταχυδρόμος

poştaş

στρατιώτης

soldat

αρχιτέκτονας

arhitect

ταμίας

casier

ανθοπώλης

florar

κομμωτής

frizer

ελεγκτής εισιτηρίων

controlor

μηχανικός

mecanic

καπετάνιος

căpitan

οδοντίατρος

stomatolog

επιστήμονας

om de știință

ραβίνος

rabin

ιμάμης

imam

μοναχός

călugăr

ιερέας

preot

εργαλεία
instrumente

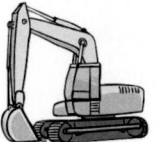

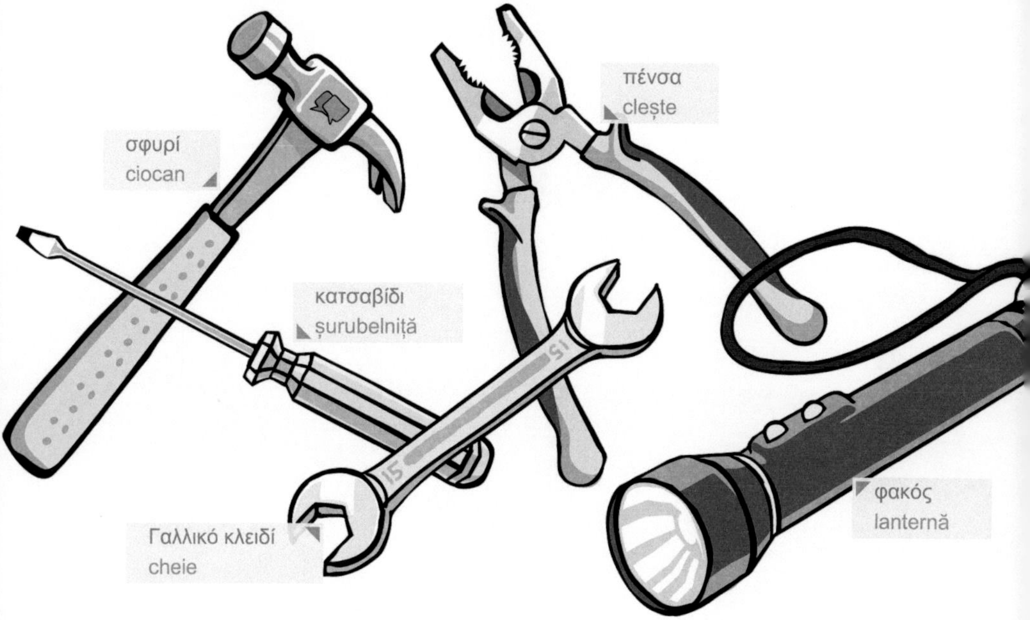
πένσα
clește
σφυρί
ciocan
κατσαβίδι
șurubelniță
Γαλλικό κλειδί
cheie
φακός
lanternă

εκσκαφέας

excavator

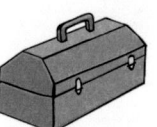

εργαλειοθήκη

cutie de scule

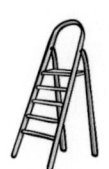

σκάλα

scară

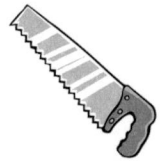

πριόνι

ferăstrău

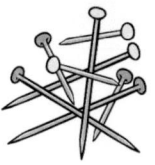

καρφιά

cuie

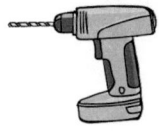

τρυπάνι

burghiu

επισκευάζω

a repara

φτυάρι

lopată

Να πάρει!

La naiba!

φαράσι

făraș

δοχείο χρωμάτων

vas pentru vopsea

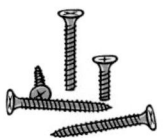

βίδες

șuruburi

μουσικά όργανα

instrumente muzicale

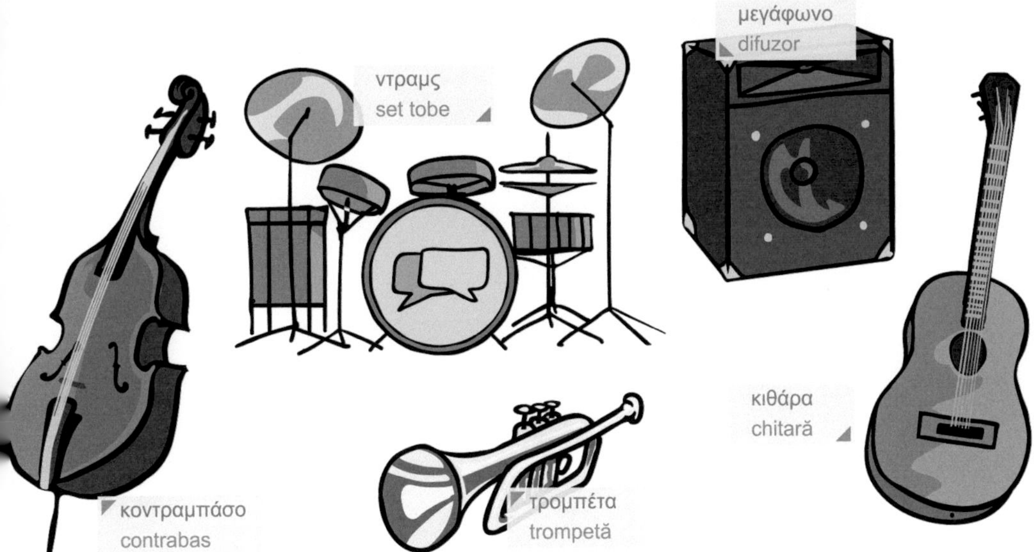

ντραμς
set tobe

μεγάφωνο
difuzor

κιθάρα
chitară

κοντραμπάσο
contrabas

τρομπέτα
trompetă

πιάνο

pian

βιολί

vioară

μπάσο

bas

τύμπανα

trombon

τύμπανο

tobă

πλήκτρα

keyboard

σαξόφωνο

saxofon

φλάουτο

fluier

μικρόφωνο

microfon

ζωολογικός κήπος
grădină zoologică

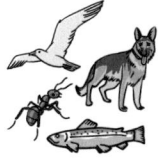

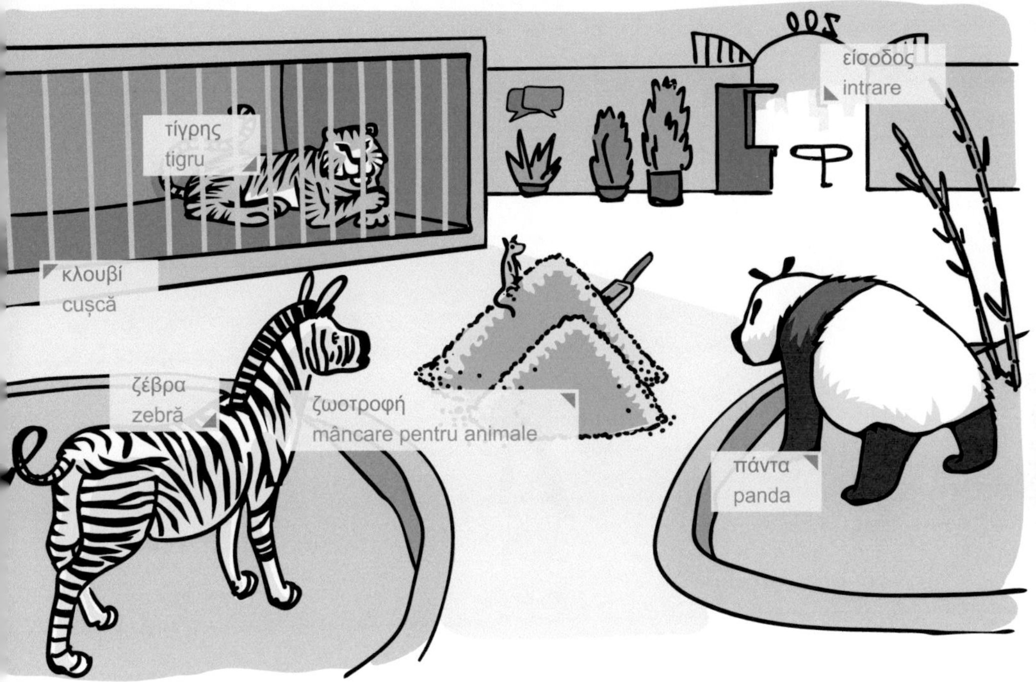

zoo
είσοδος
intrare
τίγρης
tigru
κλουβί
cușcă
ζέβρα
zebră
ζωοτροφή
mâncare pentru animale
πάντα
panda

ζώα

animale

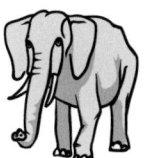

ελέφαντας

elefant

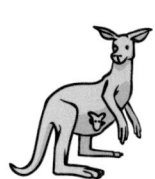

καγκουρό

cangur

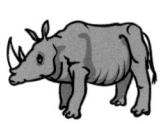

ρινόκερος

rinocer

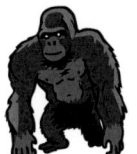

γορίλας

gorilă

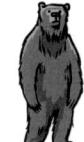

αρκούδα

urs

κάμηλα

cămilă

στρουθοκάμηλος

struţ

λιοντάρι

leu

πίθηκος

maimuţă

φλαμίνγκο

flamingo

παπαγάλος

papagal

πολική αρκούδα

urs polar

πιγκουίνος

pinguin

καρχαρίας

rechin

παγώνι

păun

φίδι

şarpe

κροκόδειλος

crocodil

φύλακας ζωολογικού κήπου

îngrijitor grădina zoologică

φώκια

focă

τζάγκουαρ

jaguar

πόνυ

ponei

λεοπάρδαλη

leopard

ιπποπόταμος

hipopotam

καμηλοπάρδαλη

girafă

αετός

acvilă

αγριογούρουνο

porc mistreț

ψάρι

pește

χελώνα

broască țestoasă

θαλάσσιος ίππος

morsă

αλεπού

vulpe

γαζέλα

gazelă

Αμερικάνικο ποδόσφαιρο
fotbal american

ποδηλασία
ciclism

αντισφαίριση
tenis

μπάσκετ
basketball

κολύμβηση
înot

πυγχαμία
box

χόκεϋ επί πάγου
hockey pe gheață

ποδόσφαιρο
fotbal

μπάντμιντον
badminton

στίβος
atletism

χάντμπολ
handbal

σκι
schi

πόλο
polo

δραστηριότητες
activități

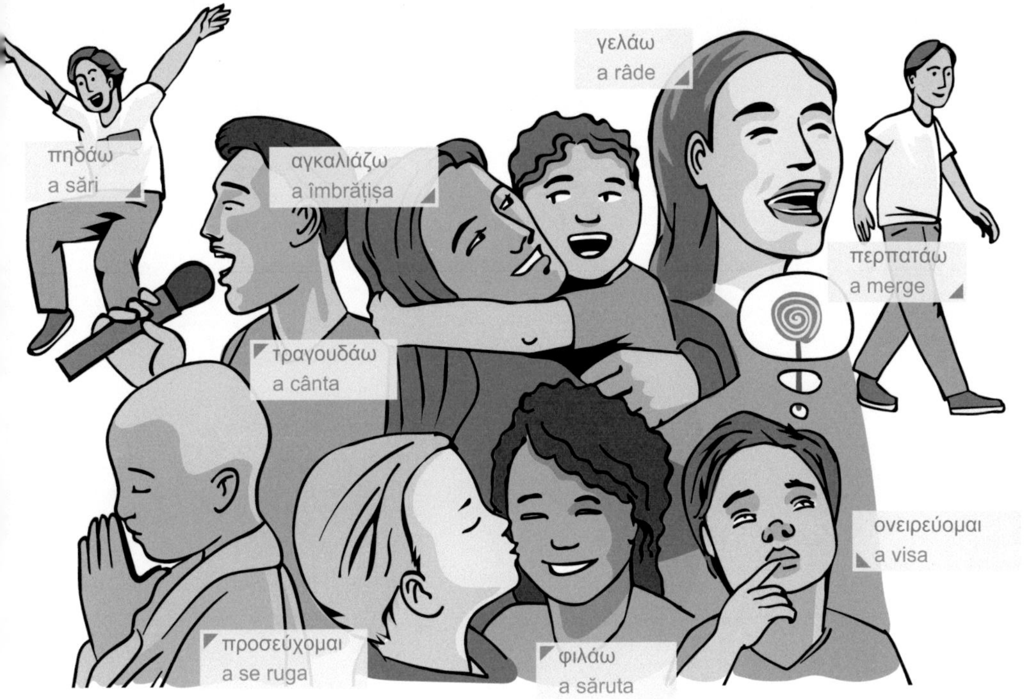
γελάω
a râde
πηδάω
a sări
αγκαλιάζω
a îmbrățișa
περπατάω
a merge
τραγουδάω
a cânta
ονειρεύομαι
a visa
προσεύχομαι
a se ruga
φιλάω
a săruta

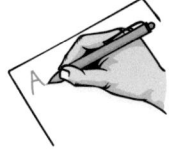

γράφω

a scrie

σχεδιάζω

a desena

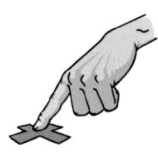

δείχνω

a arăta

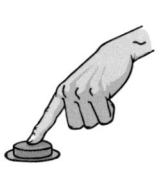

πιέζω

a împinge

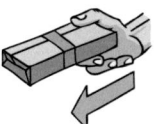

δίνω

a da

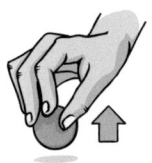

παίρνω

a lua

έχω

a avea

κάνω

a face

είμαι

a fi

στέκομαι

a sta în picioare

τρέχω

a fugi

τραβάω

a trage

ρίχνω

a arunca

πέφτω

a cădea

ξαπλώνω

a sta întins

περιμένω

a aștepta

κουβαλώ

a purta

κάθομαι

a ședea

φοράω

a se îmbrăca

κοιμάμαι

a dormi

ξυπνάω

a se trezi

κοιτάω

a privi

κλαίω

a plânge

χαϊδεύω

a mângâia

χτενίζω

a se pieptăna

μιλάω

a vorbi

καταλαβαίνω

a înțelege

ρωτάω

a întreba

ακούω

a asculta

πίνω

a bea

τρώω

a mânca

συγυρίζω

a face ordine

αγαπάω

a iubi

μαγειρεύω

a găti

οδηγώ

a conduce

πετάω

a zbura

κάνω ιστιοπλοΐα

a naviga

υπολογίζω

a calcula

διαβάζω

a citi

μαθαίνω

a învăța

δουλεύω

a munci

παντρεύομαι

a se căsători

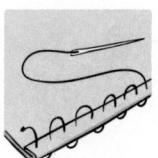

ράβω

a coase

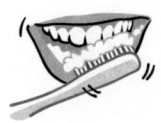

βουρτσίζω τα δόντια

a se spăla pe dinți

σκοτώνω

a ucide

καπνίζω

a fuma

στέλνω

a trimite

οικογένεια
familie

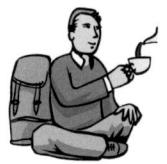

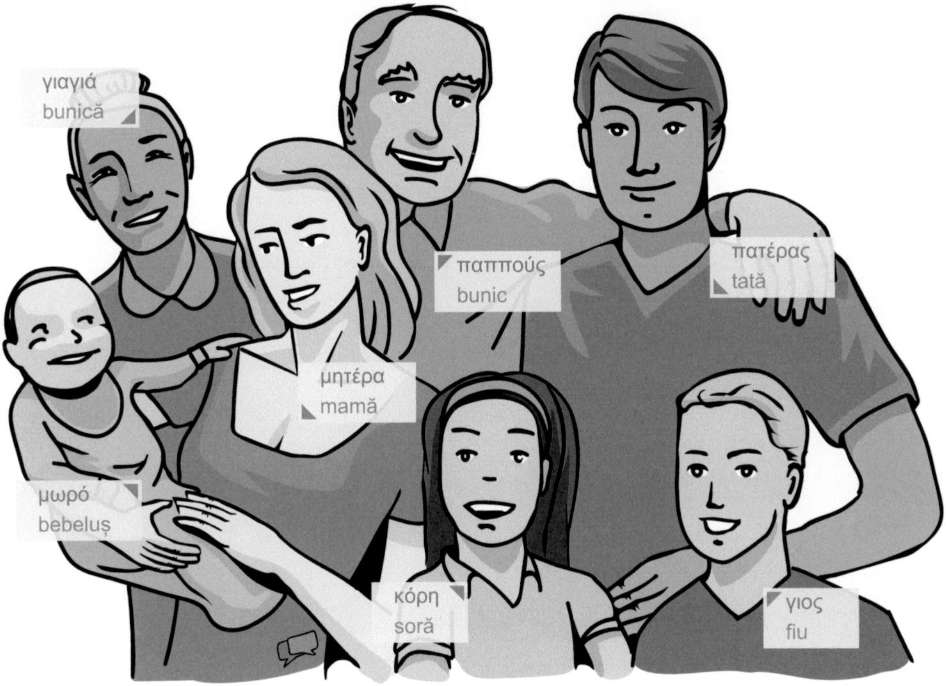

γιαγιά
bunică
παππούς
bunic
πατέρας
tată
μητέρα
mamă
μωρό
bebeluș
κόρη
soră
γιος
fiu

καλεσμένος

oaspete

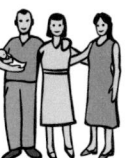

θεία

mătușă

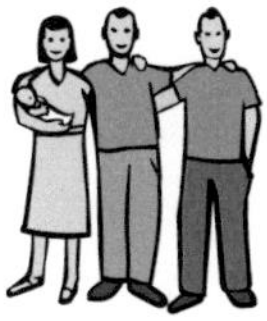

θείος

unchi

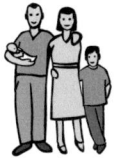

αδελφός

frate

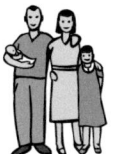

αδελφή

soră

σώμα

corp

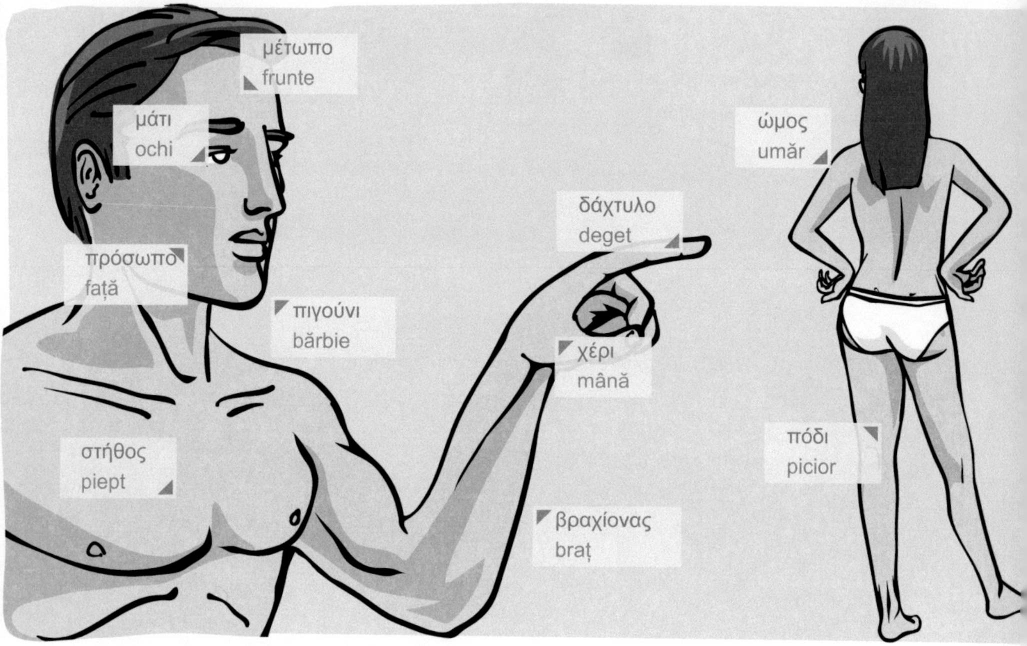

μέτωπο
frunte
μάτι
ochi
ώμος
umăr
δάχτυλο
deget
πρόσωπο
față
πιγούνι
bărbie
χέρι
mână
πόδι
picior
στήθος
piept
βραχίονας
braț

μωρό

bebeluș

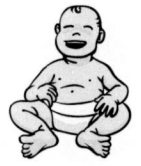

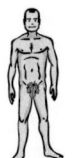

άνδρας

bărbat

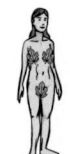

γυναίκα

femeie

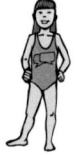

κορίτσι

fată

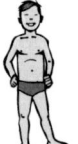

αγόρι

băiat

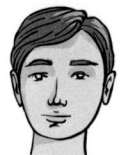

κεφάλι

cap

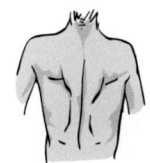

πλάτη

spate

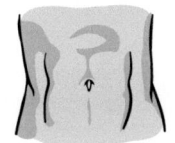

κοιλιά

abdomen

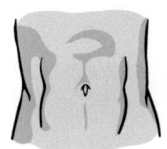

αφαλός

ombilic

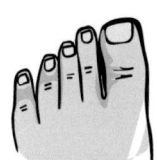

δάχτυλο ποδιού

deget de la picior

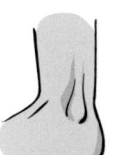

φτέρνα

călcâi

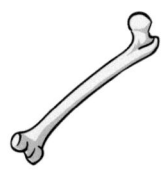

κόκκαλο

os

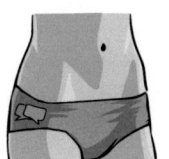

γοφός

șold

γόνατο

genunchi

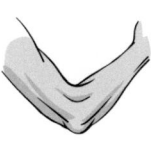

αγκώνας

cot

μύτη

nas

γλουτός

fund

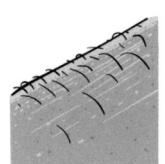

δέρμα

piele

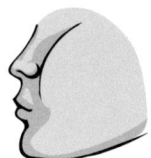

μάγουλο

obraz

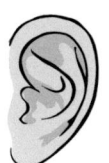

αυτί

ureche

χείλος

buză

στόμα

gură

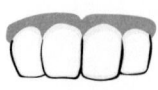

δόντι

dinte

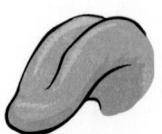

γλώσσα

limbă

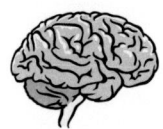

εγκέφαλος

creier

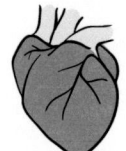

καρδιά

inimă

μυς

mușchi

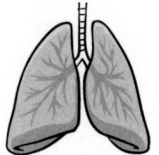

πνεύμονας

plămân

συκώτι

ficat

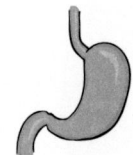

στομάχι

stomac

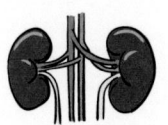

νεφρά

rinichi

σεξουαλική επαφή

sex

προφυλακτικό

prezervativ

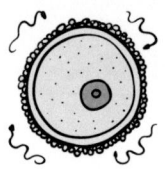

ωάριο

ovul

σπέρμα

spermă

εγκυμοσύνη

sarcină

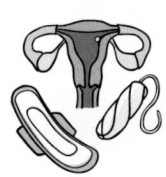

περίοδος

menstruație

γυναικείος κόλπος

vagin

πέος

penis

φρύδι

sprânceană

μαλλιά

păr

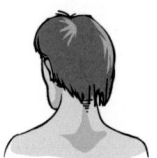

λαιμός

gât

σώμα - corp

νοσοκομείο
spital

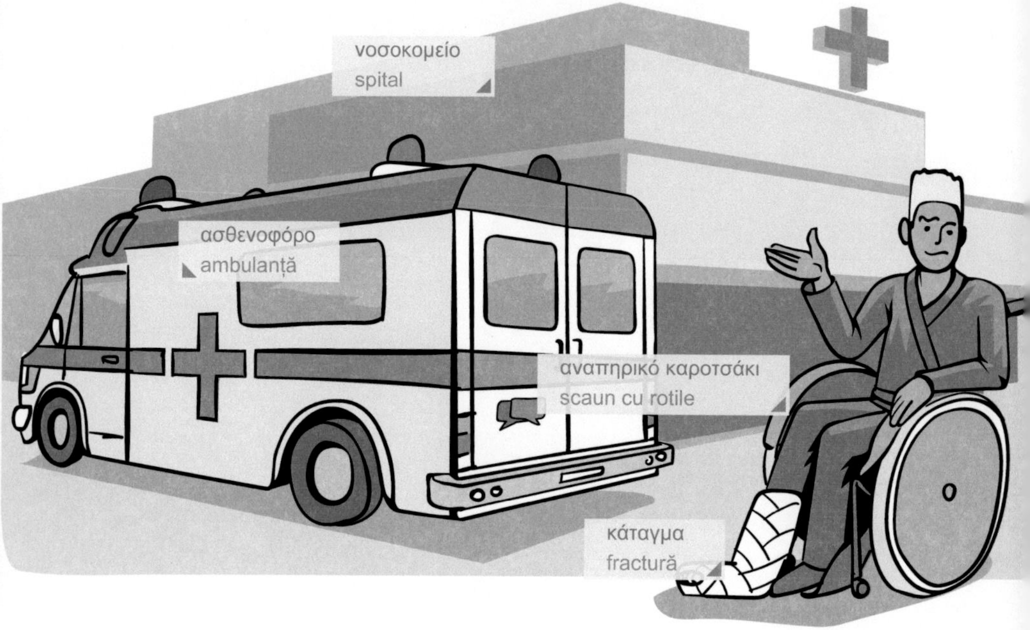

νοσοκομείο
spital
ασθενοφόρο
ambulanță
αναπηρικό καροτσάκι
scaun cu rotile
κάταγμα
fractură

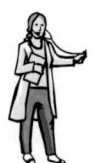

γιατρός

medic

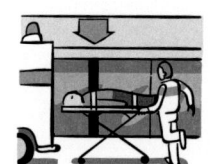

μονάδα εντατικής θεραπείας

unitate de primiri urgențe

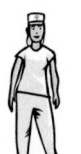

νοσοκόμα

soră medicală

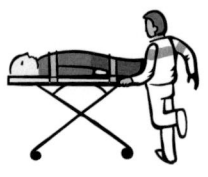

έκτακτη ανάγκη

urgență

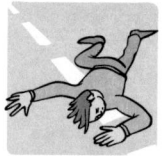

λιπόθυμος

inconștient

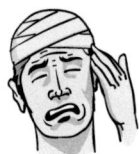

πόνος

durere

τραύμα

leziune

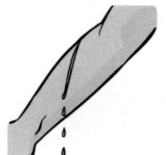

αιμορραγία

sângerare

έμφραγμα

infarct miocardic

εγκεφαλικό

atac cerebral

αλλεργία

alergie

βήχας

tuse

πυρετός

febră

γρίπη

gripă

διάρροια

diaree

πονοκέφαλος

durere de cap

καρκίνος

cancer

διαβήτης

diabet

χειρουργός

chirurg

νυστέρι

scalpel

εγχείρηση

operație

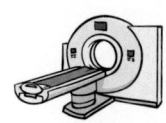

αξονική τομογραφία

CT

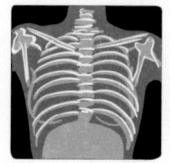

ακτινογραφία

raze Röntgen

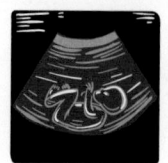

υπέρηχος

ultrasunet

μάσκα

mască

ασθένεια

boală

αίθουσα αναμονής

sală de așteptare

πατερίτσα

cârjă

χάνσαπλαστ

plasture

επίδεσμος

bandaj

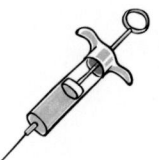

ένεση

injecție

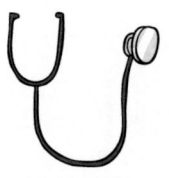

στηθοσκόπιο

stetoscop

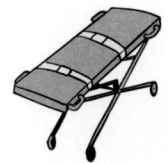

φορείο

targă

θερμόμετρο

termometru

γέννηση

naștere

υπέρβαρο

supraponderabilitate

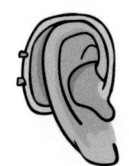

ακουστικό βαρηκοΐας

aparat auditiv

αντισηπτικό

dezinfectant

λοίμωξη

infecție

ιός

virus

HIV/AIDS

HIV/SIDA

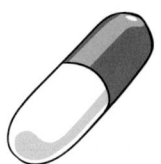

φάρμακο

medicină

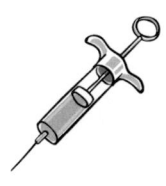

εμβολιασμός

vaccin

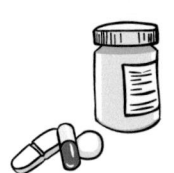

δισκία

tablete

χάπι

pastilă

κλήση έκτακτης ανάγκης

apel de urgență

πιεσόμετρο αίματος

aparat de măsurare a
presiunii arteriale

άρρωστος / υγιής

bolnav/sănătos

Βοήθεια!

Ajutor!

συναγερμός

alarmă

βιαιοπραγία

agresiune

επίθεση

atac

κίνδυνος

pericol

έξοδος κινδύνου

ieșire de urgență

Φωτιά!

Foc!

πυροσβεστήρας

extinctor

ατύχημα

accident

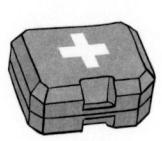

κουτί πρώτων βοηθειών

trusă de prim-ajutor

SOS

SOS

αστυνομία

poliție

Ευρώπη

Europa

Βόρεια Αμερική

America de Nord

Νότια Αμερική

America de Sud

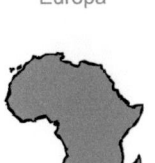

Αφρική

Africa

Ασία

Asia

Αυστραλία

Australia

Ατλαντικός Ωκεανός

Altantic

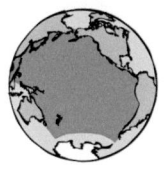

Ειρηνικός Ωκεανός

Pacific

Ινδικός Ωκεανός

Oceanul Indian

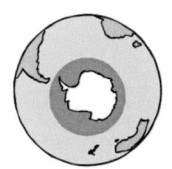

Ανταρκτικός Ωκεανός

Oceanul Antarctic

Αρκτικός Ωκεανός

Oceanul Arctic

Βόρειος Πόλος

Polul Nord

Νότιος Πόλος

Polul Sud

Ανταρκτική

Antarctica

Γη

pământ

γη

țară

θάλασσα

mare

νησί

insulă

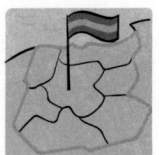

έθνος

națiune

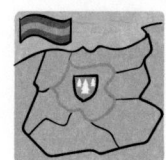

πολιτεία

stat

κανδράν ρολογιού

cadran

ωροδείκτης

orar

λεπτοδείκτης

minutar

δείκτης δευτερολέπτων

secundar

Τι ώρα είναι;

Cât e ceasul?

ημέρα

zi

χρόνος

timp

τώρα

acum

ψηφιακό ρολόι

cead digital

λεπτό

minut

ώρα

oră

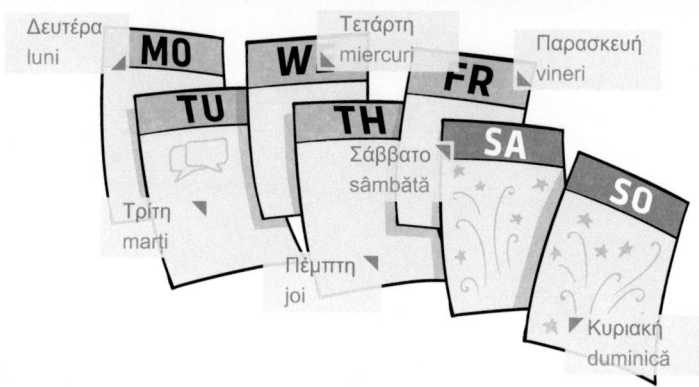

χθες

ieri

σήμερα

azi

αύριο

mâine

πρωί

dimineață

μεσημέρι

amiază

βράδυ

seară

MO	TU	WE	TH	FR	SA	SU
1	2	3	4	5	6	7
8	9	10	11	12	13	14
15	16	17	18	19	20	21
22	23	24	25	26	27	28
29	30	31	1	2	3	4

εργάσιμες ημέρες

zile lucrătoare

MO	TU	WE	TH	FR	SA	SU
1	2	3	4	5	6	7
8	9	10	11	12	13	14
15	16	17	18	19	20	21
22	23	24	25	26	27	28
29	30	31	1	2	3	4

Σαββατοκύριακο

week-end

βροχή
ploaie

ουράνιο τόξο
curcubeu

χιόνι
ζάπαδă

άνεμος
vânt

άνοιξη
primăvară

φθινόπωρο
toamnă

καλοκαίρι
vară

χειμώνας
iarnă

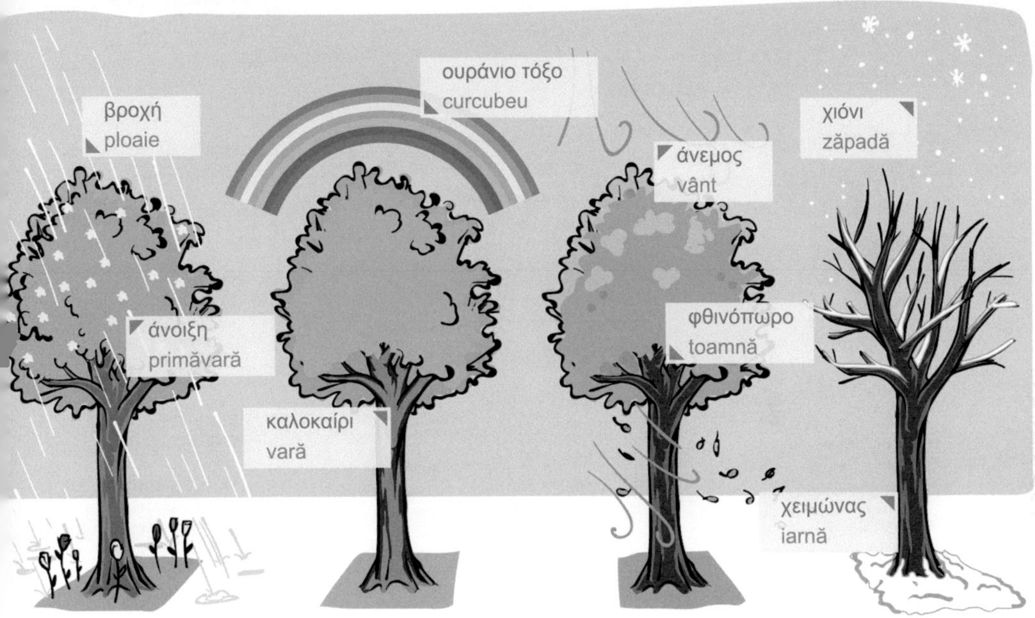

πρόγνωση καιρού

prognoză meteo

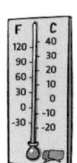

θερμόμετρο

termometru

λιακάδα

lumina soarelui

σύννεφο

nor

ομίχλη

ceață

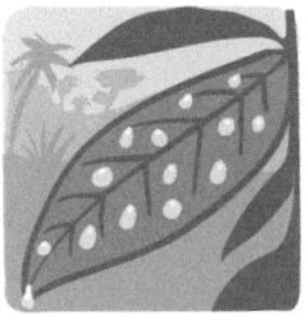

υγρασία

umiditate a aerului

αστραπή

fulger

κεραυνός

tunet

καταιγίδα

furtună

χαλάζι

grindină

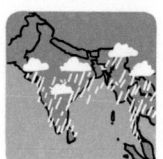

μουσώνας

muson

πλημμύρα

inundaţie

πάγος

gheaţă

Ιανουάριος

ianuarie

Φεβρουάριος

februarie

Μάρτιος

martie

Απρίλιος

aprilie

Μάιος

mai

Ιούνιος

iunie

Ιούλιος

iulie

Αύγουστος

august

Σεπτέμβριος
....
septembrie

Οκτώβριος
....
octombrie

Νοέμβριος
....
noiembrie

Δεκέμβριος
....
decembrie

σχήματα
forme

κύκλος
....
cerc

τετράγωνο
....
pătrat

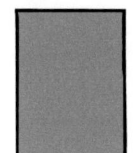

ορθογώνιο
παραλληλόγραμμο
dreptunghi

τρίγωνο
....
triunghi

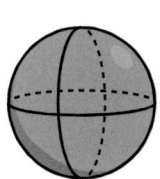

σφαίρα
....
sferă

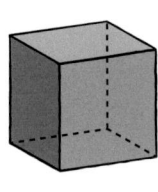

κύβος
....
cub

άσπρο

alb

κίτρινο

galben

πορτοκαλί

portocaliu

ροζ

roz

κόκκινο

roșu

μωβ

violet

μπλε

albastru

πράσινο

verde

καφέ

maro

γκρι

gri

μαύρο

negru

πολύ / λίγο

mult/puțin

θυμωμένος / ήρεμος

furios/calm

όμορφος / άσχημος

frumos/urât

αρχή / τέλος

început/sfârșit

μεγάλος / μικρός

mare/mic

φωτεινός / σκοτεινός

luminos/întunecat

αδελφός / αδελφή

frate/soră

καθαρός / λερωμένος

curat/murdar

πλήρης / ατελής

complet/incomplet

ημέρα / νύχτα

zi/noapte

νεκρός / ζωντανός

mort/viu

φαρδύς / στενός

lat/strâmt

βρώσιμος / μη βρώσιμος

comestibil/necomestibil

κακός / ευγενικός

rău/prietenos

ενθουσιασμένος / βαριεστημένος

emoționat/plictisit

παχύς / λεπτός

gras/slab

πρώτος / τελευταίος

primul/ultimul

φίλος / εχθρός

prieten/inamic

γεμάτος / άδειος

plin/gol

σκληρός / μαλακός

tare/moale

βαρύς / ελαφρύς

greu/ușor

πείνα / δίψα

foame/sete

άρρωστος / υγιής

bolnav/sănătos

παράνομος / νόμιμος

ilegal/legal

έξυπνος / χαζός

inteligent/stupid

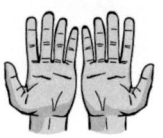

αριστερός / δεξιός

stânga/drepta

κοντινός / μακρινός

aproape/departe

καινούριος /
μεταχειρισμένος

nou/uzat

τίποτα / κάτι

nimic/ceva

γέρος | νέος

bătrân/tânăr

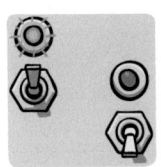

αναμμένος / σβηστός

pornit/oprit

ανοιχτός / κλειστός

deschis/închis

χαμηλόφωνος /
μεγαλόφωνος
incet/tare

πλούσιος / φτωχός

bogat/sărac

σωστός / λανθασμένος

corect/fals

τραχύς / λείος

aspru/neted

λυπημένος / χαρούμενος

trist/fericit

κοντός / μακρύς

lung/scurt

αργός / γρήγορος

încet/repede

υγρός / στεγνός

ud/uscat

ζεστός / δροσερός

cald/rece

πόλεμος / ειρήνη

război/pace

0

μηδέν

zero

1

ένα

unu

2

δύο

doi

3

τρία

trei

4

τέσσερα

patru

5

πέντε

cinci

6

έξι

şase

7

εφτά

şapte

8

οκτώ

opt

9

εννιά

nouă

10

δέκα

zece

11

έντεκα

unsprezece

12

δώδεκα

douăsprezece

13

δεκατρία

treisprezece

14

δεκατέσσερα

paisprezece

15

δεκαπέντε

cincisprezece

16

δεκαέξι

şaisprezece

17

δεκαεφτά

şaptesprezece

18

δεκαοκτώ

optsprezece

19

δεκαεννέα

nouăsprezece

20

είκοσι

douăzeci

100

εκατό

o sută

1.000

χίλια

o mie

1.000.000

εκατομμύριο

un milion

Αγγλικά

engleză

Αμερικάνικα Αγγλικά

engleză americană

Μανδαρίνικα Κινέζικα

chineza mandarină

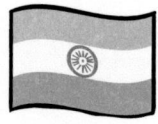

Χίντι

hindi

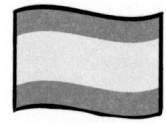

Ισπανικά

spaniolă

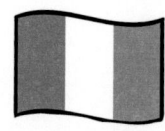

Γαλλικά

franceză

Αραβικά

arabă

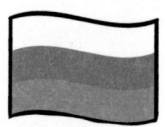

Ρώσικα

rusă

Πορτογαλικά

protugheză

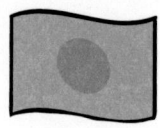

Μπενγκάλι

bengaleză

Γερμανικά

germană

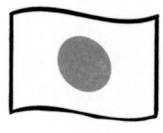

Ιαπωνικά

japoneză

εγώ

eu

εσύ

tu

αυτός / αυτή / αυτό

el/ea

εμείς

noi

εσείς

voi

αυτοί / αυτές / αυτά

ea

ποιος / ποια / ποιο;

cine?

τι;

ce?

πώς;

cum?

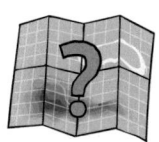

πού;

unde?

πότε;

când?

όνομα

nume

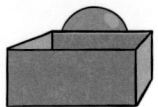

πίσω

în spate

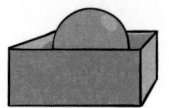

μέσα

în

μπροστά

înainte

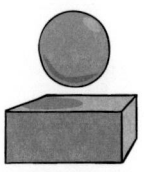

πάνω από

peste

πάνω

pe

κάτω

sub

δίπλα

lângă

ανάμεσα

între

μέρος

loc